享受寂寞

寂寞是人生的一項修煉

Enjoy loneline

寂寞，就是生命中的「留白」，
能為心靈開啟一片靜地。

本書通過詮釋寂寞與成功、幸福、感恩、豁達、包容的內在聯繫，
激勵人心，發人自省，啟人深思，從而為生活中緊繃的心鬆綁。

每個人的一生中，或多或少都有過寂寞的體驗。寂寞不僅僅是孤獨、苦澀、悵惘和傷感，它也會是一種智慧、力量、寧靜、悠遠、美麗和灑脫。

一把堅實的大鎖掛在大門上。一隻小狗銜來了一根木棍，費了九牛二虎之力，也無法將鎖打開。一隻老虎來了，它拿了一根鐵杵，咆哮著狂叫著，還是無法將鎖撬開。

最後，一個名叫「寂寞」的小男孩來了，他拿了一把鑰匙。這把鑰匙沒有

木棍粗，沒有鐵杵堅硬，但是，瘦小的身子鑽進鎖孔輕輕一轉，大鎖就「啪」的一聲打開了。

老虎和小狗奇怪地問：「為什麼我們費了那麼大的力氣也打不開，而你卻能輕而易舉地就把它打開了呢？」

小男孩說：「因為鑰匙最瞭解鎖的心呀。」

每個人的心，其實就像上了鎖的大門，任你用再粗的木棍、再堅硬的鐵杵也撬不開，唯有一個冷靜寂寞的心，才能正視自己的情感，瞭解真實的自己。

寂寞是一種智慧，能夠幫助渴望成功的人們成就輝煌。李白說：「古來聖賢皆寂寞。」寂寞的人未必都能取得輝煌，但有輝煌成就的人一定能經得起磨難，耐得住寂寞。任何一個有輝煌成就的人，路途上皆由寂寞作伴。

寂寞是一種力量，能夠使人遠離塵囂，在精神解脫中獲得力量。有人曾說過：如果一個人能夠沉浸在寂寞之中，那麼他便擁有了無窮的力量。事實上，社交圈內不會產生科學家，麻將桌旁成就不了大文豪，噪雜環境中出不了高人一等的優秀者。古今中外，大凡真正鑽研學問的人，很少有難耐寂寞的。

寂寞，其實就是生命中的「留白」。在人的一生中，我們常常為無法迴避的各種責任而奔走勞碌。在這被瓜分得支離破碎的生命中，能為心靈開啟一片靜地的，只有寂寞。

寂寞猶如一輪柔和寧靜的明月。如此觀之，忍受寂寞並不困難，寂寞中有美麗，寂寞中有幸福，寂寞中有甜蜜。品味寂寞的味道，感悟寂寞的安靜，能夠使人的精神世界更加飽滿，靈魂得到昇華，生活更加幸福。

本書通過詮釋寂寞與成功、幸福、感恩、豁達、包容的內在聯繫，激勵人心，發人自省，啟人深思，從而為生活中緊繃的心鬆綁。也許書中的答案不一定正是你要找的，但相信書中的這些小故事一定能溫暖你的心靈，書中的大道理也一定會為你打開一扇光明的門，讓你進入一個豁然開朗的世界。

目錄 Contents

第一章

克己是智，量大是福

寬容加上克制，人就有了耐心，而只有有耐心的人才會享受寂寞。這，也是一種智慧。

1. 多堅持一刻　*014*

2. 善於傾聽的人不寂寞　*019*

3. 假如你是對方　*023*

4. 改變自己就可以改變世界　*028*

5. 沒有不帶傷的船　*033*

6. 感謝給你挫折的人　*038*

7. 克服自卑，戰勝自己　*043*

8. 克制自己，才有收益　*048*

9. 低調是一種智慧　*052*

10. 信念是一粒種子

　　　　　　057

第二章

心遠地自偏，寂寞自豁達

豁達是一種大度，一種胸襟。豁達的人往往有著寬廣的胸懷，有著海納百川的氣勢，不會為小事斤斤計較，更不會為個人的得失而鬱鬱寡歡。寂寞是最好的試金石，如果我們在寂寞的時候仍能保持一顆快樂的心，便進入了灑脫豁達的境界。

5. 心胸開闊自瀟灑

　　　　　　081

4. 寂寞讓人更加從容

　　　　　　077

3. 春天是冰雪釀成的酒

　　　　　　073

2. 換個角度看寂寞

　　　　　　067

1. 不為雞毛蒜皮的事生氣

　　　　　　062

第三章

幸福，和寂寞有關

寂寞本不分善惡，它可以是一種無奈，更可以是一種幸福的體驗。有一種幸福是寂寞，在寂寞的海洋中，我們能夠深刻地思考，感悟人生的真諦，從而感受屬於自己的幸福。

1. 關於寂寞，關於幸福 *108*

2. 等待也是一種幸福 *113*

3. 寂寞也幸福 *118*

6. 人生沒有過不去的坎 *086*

7. 直面失意自歡笑 *090*

8. 天生我材必有用 *095*

9. 安詳，是真正的生命 *099*

10. 寂寞是最好的禮物 *103*

4. 寂寞——通往幸福的另一扇窗 122

5. 把寂寞當樂趣 126

6. 在寂寞裡發現幸福 131

7. 把寂寞忍成幸福 135

8. 寂寞與幸福相鄰 139

9. 一粒沙的幸福 144

10. 寂寞，不必苦惱 148

第四章

包容寂寞，感恩生活

人生在世，常常因為忍不了打擊和重負而失去所有，變得寂寞。其實，失去，往往意味著會得到更多。所以，我們要學會感恩，感謝寂寞讓我們有了更大的空間去得到。

1. 感恩——人生的美德 154

2. 生活需要感恩
159

3. 滴水之恩，當湧泉相報
164

4. 寂寞讓人學會感恩
168

5. 感謝嘲笑你的人
172

6. 有種財富叫苦難
177

7. 感謝那雙冰冷的手
182

8. 寂寞讓感恩充滿力量
187

9. 用寂寞點亮一盞感恩的心燈
192

10. 寂寞讓刻骨的痛成為銘心的愛
196

第一章 克己是智，量大是福

Chapter 1

寬容加上克制，人就有了耐心，而只有有耐心的人才會享受寂寞。這，也是一種智慧。

① 多堅持一刻

> 涓滴之水終可以磨損大石，不是由於它力量強大，而是由於晝夜不捨地滴墜。
>
> ——貝多芬

在一個寒冷的冬天裡，一位農夫在自家的田地裡發現了一棵小樹。這棵樹的葉子掉得一片不剩，連光禿禿的枝椏也不斷地往下落。農夫以為這棵樹已經枯死，便順手砍倒放在地上。到了春天，他驚奇地發現樹椿上又萌發了一圈新綠。這時他才知道，看似枯死的軀幹，還蘊藏著這麼大的活力。

從農夫的教訓裡我們可以得知，對於處於逆境中的事物，絕不要事先做出最壞的結論。多堅持一刻，冬天總會過去，春天一定到來。

在冬天裡看見春天是一種智慧，在寂寞的時候感受快樂也是一種智慧。但這種智慧往往被我們忽略，原因就在於我們不能多堅持一刻。在我們的生活中，不能多

堅持一刻而導致失敗的例子屢見不鮮，這從我們的孩童時期就開始了……一道題不會，便不想努力學習；一次考試不利，便自暴自棄；工作遭遇一次失敗，便停步不前……這些簡單武斷的否定，無形之中養成了人們逃避的心理和懦弱的性格。

成功者與失敗者的唯一區別，往往不是更多的勞動和孜孜不倦的流血流汗，也不是聰明過人的頭腦和出奇制勝的謀略，而在於他們的韌性和耐心，在於他們堅持更久，有時是一年，有時是一天，有時，僅僅是一瞬間。

一對從鄉下來都市打工的兄弟，事先沒有做任何準備就到一家大公司應徵。經理感到很好奇，想知道他們到底會些什麼，便對他們進行面試。不用說，面試結果很糟糕。他們解釋說剛到大都市，沒有準備好。經理以為他們只不過是在找藉口，便隨口應道：「等你們準備好了再來試吧。」

一週後，兄弟倆經過一番準備後又走進了這家公司。這次，他們依然沒有成功，但比第一次的表現好多了。經理給他們的回答也和上次一樣：「等你們準備好了再來試。」就這樣，他們一連來了十次都沒有成功。

無數次的失望磨掉了弟弟最後的耐心，他向哥哥提出兩個人一起去其他公司應

徵，再找出路。哥哥說，萬事開頭難，再堅持一陣，也許下一次就成功了。弟弟不

顧哥哥的好言相勸，說什麼都不再去這家公司應徵，獨自去找其他公司。

第二天，兄弟倆一同出門，哥哥第十一次走進那家公司的大門。弟弟則按照招

聘廣告的指引到處找其他工作。

那天晚上，兩個人回到租屋時卻是兩種心情：弟弟依然無功而返，哥哥卻成功

地被那家公司錄用，並被那家公司定為重點培養對象。

原來，第一次見到兄弟倆的時候，經理就決定，只要他們能夠堅持夠十次，第

十一次就錄用他們。因為，鄉下人本身就擁有吃苦耐勞的好品質，如果能獲得十次

學習的機會，就一定能夠在公司學習任何技能，勝任不同崗位。

就這樣，五年後，哥哥在公司裡當上了主管，弟弟卻不停地跳槽，始終沒有穩

定下來。

是啊，只差一次堅持啊，原本天賦相當、機遇相同的兄弟倆，卻走上了迥然不

同的人生之路。

事實上，最偉大的成功就伴隨著最嚴重的危機，一〇一次的成功，就告訴我們

它曾有一○○次的失敗。

人的一生中，很多事情都因為沒有堅持而距離成功越來越遠。相反，如果做什麼事都能堅持，則距離成功會越來越近。

也許，因為你的堅持，會遭到別人的排斥與誹謗；也許，因為你的堅持，令自己飽受寂寞與孤獨。但如果再堅持一刻就是成功，那這些都不算什麼。

世間最容易的事是堅持，最難的事也是堅持。說它容易，是因為只要願意做，人人都能做到；說它難，是因為真正能做到的，終究只是少數。正是這種難易之別決定了人是懶惰者、平庸者還是成功者！不論做什麼事，如不堅持到底、半途而廢，那麼再簡單的事也只能功虧一簣；相反，只要鍥而不捨、持之以恆，再難辦的事情也會迎刃而解。像柏拉圖那樣能堅持住的確實是少數，但也是為數不多的成功者之一。

昇華寂寞

凡事貴在堅持。一個人具備了堅強的意志、耐心和恒心，就取得了成功的一半，那麼另一半成功在頑強努力下也就不難獲得了。「水滴石穿，繩鋸木斷」，小小的水滴經過長年累月便可將石頭滴穿，那麼，我們還有什麼事情做不到呢！所以說，堅持就是勝利，堅持一定能勝利！

② 善於傾聽的人不寂寞

信言不美，美言不信。善者不辯，辯者不善。知者不博，博者不知。

聖人不積，既以為人，己愈有；既以與人，己愈多。天之道，利而不害。

聖人之道，為而不爭。

——《道德經》

「造物主」給了我們兩隻耳朵，而只有一張嘴，就是要我們多聽少說。我們不能無休止地吵鬧，無休止地爭執；不能永遠自以為是地「聽我講」，而要耐心地「聽大家說」。傾聽，不僅是對講話者自己尊嚴的維護，也是對聽者的尊重。

學會傾聽就是學會一種美德，一種修養，一種氣度。善於傾聽的人，往往能得到更多的幸福體驗，而那些不善於傾聽的人，其幸福感也就打了折扣。

有一位推銷員，有一次向顧客推薦一種新產品。他熱忱地接待顧客，並詳盡地講解新產品的性能、優點。客人很滿意，說回去後就辦理購買手續。

可是，等客人回去後，推銷員卻遲遲等不到回音。正在他急得快要打電話詢問情況的時候，客人打電話來告訴他不買了。眼看就要成交的生意就這樣沒了，推銷員很不甘心。為什麼顧客會突然之間變卦呢？推銷員反覆思考，仍不得其解。他回憶著自己當時說的每一句話，並沒有發現講錯的地方，也沒有冒犯顧客的地方，就是不知道問題出在哪裡。於是，他忍不住給那位顧客撥了電話，詢問原因。

顧客告訴他：「問題就出在最後幾分鐘的談話裡。那天，你並沒有用心聽我說話。就在我提到我最近讀了一本很感興趣的書，問你的意見時，你卻只顧推銷自己的產品，根本不在乎我說什麼。我不願從一個不尊重我的人手裡買東西！」

原來，那位客人最近讀了一本科教書籍，書中提到的新產品對兒子的學習很有幫助，便想買來送給兒子。客人談話中數次提及書和兒子，而推銷員卻一味地強調自己。

這位推銷員恍然大悟。他從此引以為戒，外出推銷不僅只帶著自己的「嘴巴」，更是帶上了自己的「耳朵」。

是的，只要我們熱愛生活，就一定要學會傾聽。那種光顧自己說話，不善於傾

聽的人，不僅得不到別人的尊重，也得不到別人的認同。

其實很多時候，很多人需要的，只是我們能夠微笑著耐心聽完他們的話。也許這份耐心的傾聽，就能令他欣喜若狂，成為他們拋開憂愁、快樂生活的最大動力。

在管理領域，作為一個優秀的領導者，首先應該是一位出色的傾聽者，善於傾聽，才有人樂於向你傾訴；善於傾聽，才能為下屬「解惑」，才能把握下屬心態。

在父母身邊，要傾聽嘮叨絮語。因為，那聲聲的囑託裡，飽含著血濃於水的親情。在朋友身邊，要傾聽逆耳之言。因為，忠言逆耳利於行，是清醒劑，是治病良方。

在人與人的交往中，傾訴是表達自己，傾聽是瞭解別人，達到心靈共鳴。當一個人高興的時候，我們要學會傾聽。傾聽快樂的理由，分享快樂的心情。當一個人悲傷的時候，我們要學會傾聽，傾聽他內心的苦處，為其淡化悲傷，化解痛苦，分憂解難……所以，善於傾聽的人不寂寞。

傾聽是一種技巧，聽別人說話，首先要看著對方的眼睛，不東張西望；要面帶微笑，表情隨對方談話的內容有相應的變化；要專心致志，不做其他無關的事情；

要讓對方把話說完，不中途打斷。當你掌握了這些技巧，會更加有助於你奔向成功。

著名心理學家迪金遜說：「好的傾聽者，用耳聽內容，更用心『聽』情感。」

沒錯，正確的傾聽態度是達到最佳傾聽效果的前提。

學會傾聽是每個社會人與他人交往的必備素質，要學會帶著好心情傾聽，多問問對方的情況，同時盡可能地把說話的機會先留給對方，讓對方在快意的宣洩中，釋放情感，排遣煩惱，感受溫暖。快樂是共用資源，是比較容易「傳染」的，一個人在給別人帶來快樂的同時，自己的快樂不但沒有減少，而且會在別人快樂心情的感染下，自己也感受到更多的快樂。

昇華寂寞

良好的人際關係的一個重要因素就是學會傾聽。「傾聽」即是細心聽，用心聽。傾聽可以讓彼此的手握得更緊、心靈貼得更近；傾聽讓我們積累了許多難得的經驗，少走許多不必要的彎路；傾聽，讓一個微小的音符，有了神奇的力量；傾聽，讓寂寞的人感受幸福，為平凡的日子陡增許多動人的光彩……

③ 假如你是對方

任何一種真誠而博大的愛，都會在現實中得到應有的回報。在我們進行換位思考的時候，當我們真誠地考慮到對方的感受和需求，而多一分理解和婉轉時，意想不到的回報便情然而至。這是一種情感守恆定律。

心理學中有一些很有意思的圖片，往往能帶給我們很多欣喜，也帶來很多值得思考的東西。其中一幅圖片是這樣的，圖片正著看，是一隻青蛙瞪著大眼睛、昂著頭、臥坐在水邊的石頭上，水波在青蛙蜷曲的腿下蕩起了「之」字型的水紋。可是，如果把畫面按照逆時針轉動九十度，或將頭向右肩歪著看，卻發現了一匹馬的頭部。原來的青蛙眼成了馬的鼻孔，「之」字型的水紋成了馬鬃。還有一幅圖更奇特，正著看是一位滿臉皺紋的老嫗，顛倒過來看卻變成了妙齡少女。

世界就是如此奇妙。很多時候，我們會碰到不順心的事，覺得心情鬱悶，很煩

惱，那麼換個角度，換個思路，重新考慮一下呢？同一件事，也許你看到的就是天使而不是魔鬼。所以，在前面沒有路的時候，在遇到不順心的事的時候，換個角度，你會發現，世界大不一樣。

換位思考，就是設身處地為他人著想。在日常的學習和生活中，人與人之間發生矛盾、產生分歧是在所難免的，關鍵是要懂得如何正確對待與解決分歧、矛盾。換位思考，是我們理解他人、避免矛盾的最好方法。如果我們可以換位思考，想想他人的感受，是不是就不會妄加斷言、怪罪於人了呢？如果我們嚴於律己，而不是對別人嚴格，對自己寬容，是不是就會減少生活中一些不必要的摩擦了呢？

妻子正在廚房炒菜。丈夫在她旁邊一直嘮叨不停：「慢一點，小心！火太大了。」趕快把魚翻過來，油放太多了！」

妻子脫口而出：「我懂得怎樣炒菜。」丈夫平靜地答道：「我只是要讓妳知道，我在開車時，妳在旁邊喋喋不休，我的感覺如何……」

看了這個故事，你是不是覺得很熟悉，好像是發生在自己身上一樣。其實，生活中，由於我們所處的環境不同，想法不同，總會產生這樣那樣的誤解和矛盾。這

個時候，就需要我們換位思考一下，像那個丈夫對妻子說的那樣，設身處地地為他

人想想，己所不欲，勿施於人。

換位思考的實質，就是理解他人。儘量去發現別人的優點，然後去記住他們的

這些優點，不管這優點是大是小，只要你願意去發現，那麼，在你發現別人的缺點

的時候，你自然會聯想到他的優點。

一對夫婦坐長途車外出，走到一半的時候，突然想起忘了一件十分重要的東

西，需要回家去拿，便在中途下了車。

後來，聽說這輛車沒走多遠，便遭遇了車禍，車上的其他乘客全部喪了命。女

人說：「我們真幸運，中途下了車。」男人說：「不，是由於我們下車耽誤的時

間，那輛車才出車禍。不然，那輛車或許不會出車禍。」

看來，看法不同，得出的結論是那麼不同。換位思考是人對人的一種心理體驗

過程。將心比心，是達成理解不可缺少的心理機制。它客觀上要求我們將自己的內

心世界，如情感體驗、思維方式等與對方聯繫起來，站在對方的立場上體驗和思考

問題，從而與對方在情感上實現溝通，為增進理解奠定基礎。

換位思考是人類經過長期博弈，付出慘重代價後總結出的黃金法則。沒有人是一座孤島，社會是一個利益共同體。我們不能用自己的左手去傷右手，我們是同一棵樹上的葉和果。克魯泡特金在《互助論》中證明：只有互助性強的生物群才能生存，對人類而言，換位思考是互助的前提。

換位思考還是基本的道德教諭，是人類社會得以存在和發展的重要法則。古往今來，從孔子的「己所不欲，勿施於人」到《馬太福音》中的「你們希望別人怎樣待你，你們也要怎樣待別人」，不同地域、不同種族、不同宗教、不同文化的人們，說著大意相同的話。

換位思考，還是自我學習的好方法。也就是為人處事，站在對方的立場上來全面考慮問題，這樣比較客觀公正，可防止主觀片面；對人要求就不會苛刻，容易產生寬容態度；對自己能將心比心，做到知足常樂。

學會換位思考吧，這樣，可以讓我們學會變通，解決常規性思維下難以解決的事情。我們還可以通過換位思考，瞭解別人的心理需求，欣賞他人的優點。通過換位思考，上司可以得到下屬的擁護；通過換位思考，下屬可以得到上級的器重……

昇華寂寞

生活就是萬花筒，每當我們換一個角度，換一次鏡片，我們就能看到不一樣的效果。學會換位思考，從不同的角度看待生活，讓生活更加多彩；學會換位思考，把我當成你，把你當成我，再思考一下彼此的感受，就能達到雙贏的目的。這樣，社會才會更和諧，人與人之間的矛盾才能淡化消失。

④ 改變自己就可以改變世界

用正確的方式審視自己，一切都會改變的……如果你總是顧影自憐，孤芳自賞，其結果就是你走不進別人的心裡，別人也走不進你的心裡。只要用一種正確的方式審視自己，生活將變得輕鬆愉快，事業將變得一帆風順，而且一切都會改變的。

「什麼是生活？生活，就是生下來就得活著。」我們來到這個世界，歡樂與煩惱無時不在，怎麼活都是一輩子。哲人說過，生活就像一面鏡子，你心裡怎麼看，生活就怎麼表現給你看，你心裡怎麼認為，生活就會變成什麼樣子。所以，生活完全由自己改變，改變生活，首先要改變自己。

一九三〇年初秋的一天，清晨，一個身高只有一百四十五公分的矮個子青年，從位於日本東京目黑區的公園長凳上爬了起來，徒步去上班。他因為拖欠房租，已

經在公園的長凳上睡了兩個多月了。他是一家保險公司的推銷員，雖然工作勤奮，

但收入少得甚至吃不起中餐，每天還要看盡人們的臉色。

誰也沒有想到，這麼窮困的人竟然會在日後成為「世界上最偉大的推銷員」之

一。他就是原一平。在他最窮困的時候，他曾向一位老和尚推銷保險。

當時，他詳細地向老和尚說明自己的來由後，老和尚平靜地說：「聽完你的介

紹之後，絲毫引不起我投保的意願。」老和尚注視原一平良久，接著又說，「人與

人之間，像這樣相對而坐的時候，一定要具備一種強烈吸引對方的魅力，如果你做

不到這一點，將來就沒什麼前途可言了。」

原一平啞口無言，冷汗直冒。老和尚又說：「年輕人，先努力改造自己吧！你

在替別人考慮保險之前，必須先考慮自己，認識自己。只有赤裸裸地注視自己，毫

無保留地徹底反省，才能認識自己。」

從此，原一平開始努力認識自己，改善自己，終於成為一代推銷大師。說起成

功的經歷，他說：「我們這一代最偉大的發現是，人類可以由改變自己而改變生

命。」

原一平的故事，讓人聯想到英國一位主教的墓誌銘：「少年時，意氣風發，躊躇滿志，當時曾幻想改變世界。但當我年紀漸長，經歷增多，發現自己無力改變世界。於是，我縮小了範疇，決定先改變我的國度，可這個目的還是太大了。接著我步入了中年，無奈之餘，我將試圖改變的物件鎖定在最密切的家人身上。但天不遂人願，他們個個還是保持原樣。當我漸漸老矣，終於頓悟：我應當先改變自己，用以身作則的方法影響家人。若我能先當家人的模範，也許下一步就能改良我的國度，再以後，我甚至可能改革整個世界。」

不錯，只有自己先改變了，身邊的一些人才可能會隨著改變；身邊的一些人改變了，很多人才可能會隨著改變；很多人改變了，更多的人就可能會改變……也就是說，先改變自己，才可能改變世界。

路，是人走的；命運，是自己決定的。在這獨一無二的世界裡，我們改變不了世界，但是可以改變自己；改變不了環境，但是可以適應環境；改變不了事實，但是可以改變態度；改變不了過去，但是可以改變現在；控制不了他人，但可以掌握自己；不能預知未來，但可以把握今天；不能樣樣順利，但可以事事順心；不能左

右天氣，但可以改變心情；不能改變容貌，但可以展現笑容……如果一切都不能改變，至少你還能改變自己的感受；如果一切都不能控制，至少還能控制自己的風度。

生存處世是一件大事情，要想在如今的花花世界中好好地生存下去，就要善於改變自己。改變自己，首先要在觀念上進行改變。人本身就是自己觀念的產物，有什麼樣的觀念就會有什麼樣的命運。其次，改變自己要付諸行動。行動才能造就人，人的命運就是行動的結果。觀念只有付諸行動，最終才能成為現實。

有的人總是感慨沒有人願意為自己改變，所以自己總是寂寞。其實，在這個世界上，能改變和決定我們命運的，只有一個人，這個人就是我們自己。因此，要改變命運，首先要改變自己。

昇華寂寞

世上本無移山術，唯一的方法是把自己移過去。每個人都是一道靚麗的風景線，但世界不會為你而改變，環境也不會主動去適應你。因而，我們只能去改變自己，去適應環境，進而取得成功。

5 沒有不帶傷的船

水果不僅需要陽光，也需要涼夜。寒冷的雨水能使其成熟。人的性格陶冶不僅需要歡樂，也需要考驗和挫折。

——美國作家　布萊克

英國薩倫港的國家船舶博物館裡停泊著這樣一艘船：這艘船一八九四年下水，在大西洋上曾一三八次遭遇冰山，一一六次觸礁，十三次起火，二〇七次被風暴扭斷桅杆，然而它從沒沉沒過。

基於它不可思議的經歷及在保費方面帶來的可觀收益，英國一家保險公司從拍賣市場將它買下並捐給了國家。

而讓這艘船名揚天下的卻是一名來此觀光的律師。當時，他剛打輸了一場官司，儘管這不是他的第一次失敗辯護，然而，每當遇到這樣的事情，他總有一種負罪感。

當他在薩倫船舶博物館看到這艘船時，忽然有一種想法，為什麼不讓那些遭受挫折的人來參觀這艘船呢？於是，他就把這艘船的歷史抄下來，和這艘船的照片一起掛在他的律師事務所裡，每當委託人請他辯護，無論輸贏，他都建議他們去看看這艘船。

這艘傷痕累累的船讓我們知道，大海上航行的船沒有不帶傷的。由此，我們可以想到，在社會上拼搏的人們也沒有不遭受挫折與失敗的。芸芸眾生，沒有誰一生都是一帆風順的，都會在人生的道路上遇到大大小小的挫折。而正是這些大大小小的挫折，才譜寫了人生平凡而又動聽的歌。

愛迪生面對實驗室被炸的挫折，沒有喪失鬥志，而在短短的三週內，成功地發明了留聲機。他從屢次的失敗中總結出了這樣一個經驗：「失敗也是我需要的，它和成功一樣對我有價值，只有在我知道一切做不好的方法以後，我才能知道做好一件事的方法是什麼。」

就這樣，貝多芬創作了舉世聞名的《命運》交響曲。

貝多芬面對雙耳失聰的巨大折磨，絲毫沒有退縮之意，他說：「我要扼住命運的咽喉。」

這些無數的歷史事實和社會實踐證明：挫折幾乎伴隨著人生命的全部過程，它像埋伏在人生旅途中的頑皮鬼，於不經意間絆你一個或大或小的跟頭，使你陷入人生灰色的圈子，從而倍感焦慮，甚至失意彷徨，難以自拔。

《鋼鐵是怎樣煉成的》的作者奧斯特洛夫斯基說得好：「人的生命似洪水在奔騰，不遇著島嶼和暗礁，難以激起美麗的浪花。」雖然我們會屢遭挫折失敗，但只要我們能夠百折不撓地挺住，就能走向成功。這個真理適用於任何人，不管是剛走向社會的學生，還是歷經無數挫折的創業者。

小慧畢業於一所普通的大學，看到一家知名公司招聘銷售部經理的廣告後，她如獲至寶。雖然心裡沒有多少把握，但她仍抱著試試看的態度前往應徵。

由於這家公司待遇豐厚，很有發展前途，一時間應徵者如雲，競爭十分激烈。

而這家公司的招聘又非常嚴格，經過一個月的殘酷比拼和反覆淘汰，最後只剩下包括小慧在內的三個人。

最後一輪淘汰開始了，人事部經理請三個人每人談一次失敗的經歷。小慧談起了自己在大學時有一次補考，引來大家的蔑視。另外兩個人則將自己的優秀成績誇

誇其談，而對失敗的經歷避而不談或一句帶過。最後，經理讓他們回去等消息。

第二天，小慧收到了公司發來的郵件，大意是因為名額有限，小慧落選了。事先意料到結果的小慧並未因為落選而感到難過，反而認為自己因此得到了一次鍛鍊。於是，她給人事部回了一封郵件，感謝他們的這次招聘，讓她知道了自己的優勢與不足，並表示自己會繼續努力。

沒想到，小慧的這封郵件發出後，卻接到了人事部經理打來的電話，通知小慧被公司錄用了。小慧報到時，經理告訴她：公司給他們三個人都發了一封婉拒的郵件，而只收到了小慧的回覆，這說明小慧有正視失敗的勇氣和面對挫折的坦然。這樣的人，在工作中也會不折不撓地追求成功。

挫折作為一種情緒狀態和一種個人體驗，各人的耐受度是大不相同的。有的人經歷了一次次挫折，仍然能夠堅忍不拔，百折不撓；有的人稍遇挫折便意志消沉，一蹶不振。面對挫折，自強者終會知道這是人生路上必須搬開的絆腳石，更能從中體驗到戰勝困難、超越自我的快樂。正如大作家巴爾扎克的比喻：「挫折就像一塊石頭，對弱者來說是絆腳石，使你停步不前，對強者來說卻是墊腳石，它會讓你站

得更高。」

面對挫折，我們不應該有畏懼的心理，而應該心不煩、意不亂地認清自己的弱點和不足，並認真地加以總結和改進。面對挫折，我們要明白，成功是經過多次磨鍊而成的。所以，我們應該好好珍惜每次挫折，將之視作生命的饋贈，通過努力，變逆境為順境，變失敗為成功。

昇華寂寞

挫折，是人一生中絕不可少的一段道路。拿破崙曾說過這樣一句話：最困難之時，就是離成功不遠之日。人生想要得到歡樂，就必須能承受痛苦和挫折。這是對人的磨練，也是一個人成長的必經過程。

⑥ 感謝給你挫折的人

> 天將降大任於斯人也，必先苦其心志，勞其筋骨，餓其體膚，空乏其身，行弗亂其所為。
>
> ——《孟子·告子下》

人的一生十有八九不如意，吃虧是常有的事情，這些經歷會讓人快速成長和成熟，是再好不過的教育。所以，我們要感謝那些給予我們挫折的人，從挫折和打擊中總結經驗教訓，正確對待，轉逆為順。

小華是一家公司的廣告業務員。有則廣告已發佈多日，款項卻遲遲收不回來。

每次電話打過去，不是今天拖明天，就是明天拖後天。為此，經理對小華是萬般不滿意，甚至當著眾員工的面，指責小華工作上的不力。

一日，經理又派小華外出催賬，並且說：「如果到月底再收不回錢，就要扣你的薪水。」這讓小華的自尊心受到了極大打擊。

無奈之下，小華只好再次出門收賬。出門時，竟然變天了。即使變天，小華還是要去。她發誓如果再收不回錢來，就辭職不幹了。站在那家公司辦公大樓的下面，門衛卻說，那家公司搬家了。小華只好再次奔入雨中，找到那家公司的新地址。

當小華站在那家公司門外時，對方老闆有些吃驚，隨後便笑著說：「歡迎參觀我們的新辦公室。支票我已準備好了，本想著明天打電話通知你來，你看，這幾天又是搬家又是招聘，也沒及時給你們通知，實在對不起啊。」說著，將支票平整地夾在支票夾裡遞給小華。他還說，以後他們公司的廣告全交給小華做。這一是因為他被小華冒雨工作的精神所感動，二是因為小華不像其他業務員那樣，整天催款，說過於激烈的話。

事後，小華從心底裡感謝顧客和經理給她的這次挫折，讓她明白了如何更好地做好自己的工作。

一個人不可能保證自己不犯錯，受一些挫折是很正常的。遭遇挫折看起來是件壞事，但同時又可能是好事。人們常說，失敗是成功之母，講的就是這個道理。

在成長的道路上，千萬不要因為他人的刁難、白眼、諷刺而沮喪放棄。你大可把它當成你前進的動力，毫不動搖地繼續向前邁進。面對挫折和打擊，應該從中分析真正的原因是什麼，多找自身的原因，而不是一味地埋怨別人對自己有偏見，我們應該從挫折中吸取教訓，找到一種突破的方法。

曾經有一個不幸落水的人，抓著一根浮木在一條很寬的河中間呼救。附近的村民聽到呼救紛紛趕來，帶來了竹竿和繩子，但由於來的村民不會游泳、水面太寬又沒有船而無濟於事。

最後，村民們找來了智者，這位智者幫助村民們解決過許多疑難問題。智者沉思片刻，撿起一塊石頭，朝落水者用力扔去。

大家驚訝萬分，那個人也氣得大叫：「幹什麼？你瘋了？想把我砸到水底嗎？」智者不語，又撿起一塊石頭扔去。這個人狂怒了……「等我上岸後，一定給你點顏色瞧瞧。」大家也對智者不滿，心想這個人上岸後對智者動手，他們一定不會阻攔。可是，他怎麼才能上岸呢？

智者再次撿起石頭朝那個人扔去，這一次比前兩次更用力，幾乎砸在了落水人

的身上。落水的人忍無可忍，感到不上岸出這口惡氣就枉為人。然後他用盡全部力氣，一手抱著浮木，一手用力地向岸邊伐去。最後，他成功了，游上了岸。

「那傢伙哪去了？」他氣憤地問。這時，大家才發現智者不見了。「如果碰到他我一定揍扁他！」「可是，只有他才是真正幫助你的人呀。因為他激怒了你，你才發揮出潛在的能力上了岸，不是嗎？」有人說道。

這個人想了想說：「是啊，你們的好意和同情並沒有幫上忙，是他的刺激才讓我不遺餘力地擺脫了困境，他真不愧為一個智者，我該好好謝謝他。」

其實，挫折是一把雙刃劍，最後沉淪還是奮起，要看你握住了刃還是握住了柄。在生活中，不可能一帆風順。總會有人對你指手畫腳、說三道四。其實，他們都是你的恩人，你要學會感謝他人，是他們讓你知道了社會的生存環境是如此的惡劣，也是他們讓你增加了寶貴的經驗。

如果世界上只有一件事比遭受挫折還要糟糕，那就是從來不曾遭受挫折。因為，當一個人遭受挫折時，他的潛能才會被激發出來。而且，唯有此時，他才能越挫越勇，逼迫自己去突破現狀，突破一個又一個瓶頸，走上成功的道路。

昇華寂寞

與人交往，知恩報恩，是為人處世的基本原則。有些人看似沒有幫你什麼，甚至還幫了你的倒忙，讓你受到了挫折，其實從另外一個角度看則是幫了你。你應該感謝這些傷害過你的人，是他們讓你摔倒了就知道馬上爬起來。感謝他們，你的心情會舒暢愉悅許多，也會看開許多事情，拋棄許多煩惱，從而得到更多人的理解、信任、尊重！

7 克服自卑，戰勝自己

只要消除了自卑感，充滿信心地進行努力，你就能克服一切障礙，適應任何環境！

自卑是一種消極的自我評價或自我意識。一個自卑的人，往往過低評價自己的形象、能力和品質，總是拿自己的弱點和別人的強處比，覺得自己事事不如人，在人前自慚形穢，從而喪失自信，悲觀失望，不思進取，甚至沉淪。

其實，自卑感人人都有。美國著名的成人教育學專家卡內基發現，世界上根本就不存在生來就膽怯、害羞、臉紅的人。這些心理的異常現象，都說明人在後天的成長過程中因某種經歷誘發生成的。既然是後天形成，就說明能克服。卡內基還說：「世界上沒有一點都不膽怯、害羞和臉紅的人，包括我自己。人人都有，只是程度不同、持續的時間長短而已。」

有個叫美麗的小女孩，可是她卻一點兒也不美麗，生下來就是一個下肢畸形的嬰兒，不得不做幾次手術。手術後，小美麗成了高位截肢的殘障人士。這時候她還不足五歲，擺在她面前的將是多麼艱難的人生道路呀！

可是，事實卻出乎所有人的意料。許多年以後，出現在人們面前的小美麗，竟是一個性格活潑、開朗樂觀、頑強進取的美少女。因為，美麗從不把自己看成是殘障人士，也從不感到自卑。她在家人的幫助下裝上了義肢，不僅在生活上努力做到自理，而且還和其他健全的孩子一樣，自己上學、逛公園、攀高梯、溜滑板。

對於未來，美麗有許多美好的幻想，她想當一個歌星，還想當攝影師，當教師。她想把世間所有的美麗通過自己的努力展現給所有人。總之，在她的生活中，充滿了美好的希望，看不到絲毫的自卑和怯懦。

美麗的故事說明：一個人只有戰勝自卑、超越自卑，才會有自信，才能將世間所有不美好的事物變得靚亮奪目。

然而，許多身體、心理健康的人卻因為自卑將自己束縛了起來。在一所全國有名的大學校園裡，有一位佼佼者。不管是學習成績還是專業知識，他都名列前茅。

但是，他生性膽怯，害怕與陌生人打交道，開口講話就臉紅。在學校組織的社交活動中，他總是感到不自在。

畢業後，在找工作的過程中，許多不如他的同學都紛紛找到了工作，他的專業和資歷雖然不比人差，但卻因為「膽怯、害羞」，沒有公司願意錄用他，後來，他不得不求助於心理醫生。

其實，膽怯、害羞和臉紅就是心理緊張的表現。心理學家告訴我們：膽怯、害羞和臉紅的人，往往對於人際關係格外敏感，也就是通常說的「臉皮太薄」。從心理學上講，這類人太在意別人對自己怎麼看，而對自己缺少應有的自信，不敢當眾表達自己的感受，不僅自己活得很累，也讓別人感到不舒服。

要想克服膽怯、害羞的不良表現，首先要改變心態，然後再進行必要的心理訓練。

第一，我們要全面瞭解自己，正確評價自己，將自己的興趣、能力和特長列出來，發現自己身上的優點，而對自己身上的缺點，不要看得過於嚴重，應將注意力和精力轉移到自己最感興趣、最擅長的事情上去，從中獲得樂趣與成就感，從而緩

解心理壓力和緊張，驅散自卑的陰影。

第二，可以通過心理醫生的幫助，分析找出導致自卑心態的原因，從根本上瓦解自卑情結。

第三，要用行動證明自己的能力與價值。有人需要你，你就有價值；你能做事，你就有價值。因此，你可以選擇一件自己最有把握的事情去做，做成之後，再去找下一個目標。這樣，每一次成功都能增強你的自信心。

第四，要多看看自己最滿意的照片。一個人看到具有紀念價值的物品時，往往會產生無限的聯想。比如，當你看到獎狀、獎盃時，便會回憶起從前獲得勝利時的一幕幕情景，而照片則更能喚起對往事的回憶。消極自卑的人不妨隨身帶著自己最得意的照片，當情緒低落時，它能有效地調節你的心情，照片上生動的臉、飛揚的神采和洋溢的喜悅對你來說，無異是一種振奮劑。它能明確地提醒你，你能以一種光彩照人的形象出現。

昇華寂寞

人人都能忍受災難和不幸，並能戰勝它們。也許有人不相信自己能辦得到，可是人類存在著驚人的內在源泉。只要我們加以利用，便能引領我們度過難關。自卑是人衝出逆境的絆腳石，只有跨越這塊石頭，自卑者才能集中精力和鬥志去從事自己的事業，開始一種新的生活。

8

克制自己，才有收益

每一次克制自己，就意味著比以前更強大了。

——高爾基

在生活中，我們常常會遇到這樣的問題：今天計畫做某件事，但早上醒後，因昨晚休息得太晚太困倦而思考是否義無反顧地披衣下床；遠行時，因身體乏力考慮是否要停止旅行的計畫；正在做的一件事遇到了極大的、難以克服的困難，考慮是繼續做呢，還是停下來等等看……

諸如此類的問題，若在紙面上回答，答案一目了然，但若放在現實中，自己拷問自己，恐怕就不會回答得太乾脆了。因此，有人說，人生在世，最難的就是克制自己。

一家企業需要招聘一名會計，他在招聘廣告中這樣說：「招聘一個能自我克制的人士。月薪三○○○○元，合適的還有績效獎金。」

招聘廣告打出後，先後有上百名求職者前來應徵，而每位應徵者都要經過一個特殊的考驗。小桃也來應徵，她忐忑地等待著，終於，該她出場了。

「能把這一段文章一刻不停地打下來嗎？」老闆給了小桃一本書，書中有篇朱自清的文章。

「可以，老闆。」小桃回答道。「很好，跟我來。」老闆把小桃帶到辦公室，然後把書送到小桃手上，上面印著小桃應不停頓地打完的那篇文章。

打字剛一開始，老闆就拿出了兩個鳥籠，每個鳥籠裡有兩隻鸚鵡，老闆不停地逗著鸚鵡說話。這太過分了。許多應徵者都因受不了誘惑要看看這兩隻美麗的鸚鵡，視線離開了打印的文章，因此被淘汰。但是，小桃始終沒有忘記自己的角色，克制住自己的慾望，一口氣打完了文章。

老闆很高興，他問小桃：「你在打印文章的時候沒有聽到鸚鵡說話嗎？」

小桃答道：「聽到了，老闆。」「那為什麼你看都不看它一眼呢？」「因為我告訴過你我要不停頓地打完這篇文章。」「你總是遵守諾言嗎？」

「是的，我總是讓自己努力做到最好，老闆。」老闆高興地說：「你就是我要

聘用的人。」

小桃的克制換來了一份合適的工作，這是理性的，也是划算的。

克制，是一個人毅力與意志的抗爭，是心靈與肉體重構的和諧，是信念與生活、生存與挑戰的昇華。有人自甘墮落，不求上進，宣稱無法抑己；有人以難以克制，推脫其咎，縱容自己……凡此種種，歸就其一，都是個人行為，最終還需要我們自己來解決。推脫、沉淪只會使自己越陷越深，眾叛親離，被道義和輿論所淹沒。

梵谷在成為畫家之前，曾在一個礦區當過牧師。有一次，他與礦工們一起下井。昇降機內，顫動的鐵索在隆隆作響，箱板在不停地左右搖晃，所有的人都戰戰兢兢，任憑這台機器將他們送入深不見底的黑洞。梵谷非常恐懼，但他卻注意到一位老礦工神態自若。事後，他悄悄問那位老礦工：「你是不是已經習慣了？」那位老礦工說：「不，我永遠不會習慣，永遠都害怕，只不過我學會了克制！」

克制自己，是熱愛生命、尊重他人的表現之一，是敢於承擔責任和義務，拒絕誘惑的一種勇氣。它需要我們擁有一顆博愛之心，在矛盾中苦心經營，平衡一份躁

動，在安逸享樂中抑止一種浮華，在追求創新的進程中居安思危……

在我們的生活中，總會有這樣那樣的不如意，人們也總會有各種各樣的煩惱和焦慮，但是當你和身邊的同學、朋友發生矛盾摩擦的時候，不妨想想如何克制自己：你要學會保持平和的心態，注意調整自己，不要無謂地傷害別人的感情，與其在別人的心靈上釘釘子，不如種上鮮花。

一個我行我素的人，是難以在某一領域取得突破的。因此，必須要約束自己，制約自己。比爾·蓋茲深刻地說：「我們唯一能控制的便是我們的頭腦，如果我們不能控制它的話，別的力量就會來左右它了……」一個人若不能控制自己的頭腦，總被各種思想干擾、左右的話，這樣的頭腦就成了大雜燴。

昇華寂寞

堅持自己該做的事情，是一種勇氣。限制自己需要頑強的意志和毅力，是一個逐步積累的過程。要從調節自己的情緒起步，克制自己，久而久之，總會結出豐碩的果實。

9 低調是一種智慧

把自己當作泥土吧！老是把自己當作珍珠，就時時有被埋沒的痛苦。

——魯藜

在這個追求轟轟烈烈的時代，張揚的表露似乎成為一種時尚。其實，縱觀古今，那些經得住歷史沉澱、取得成功的人，更多秉持的是一種低調的處世原則。

何謂「低調」？低調就是用平和的心態看待世間的一切，保持一顆平凡的心，不被外界所左右。有這樣一副對聯，不但寫得十分有趣，而且道出了低調的真諦——上聯是「做雜事兼雜學當雜家雜七雜八尤有趣」，下聯是「先爬行後爬坡再爬山爬來爬去終登頂」，橫批是「低調做人」。

低調是一種古老的智慧。從老子、莊子開始，就有崇高的處事境界。「上善若水。水善利萬物而不爭，處眾人之所惡，故幾於道。……夫唯不爭，故無尤。」在

古人看來，低調處事，就是一種樸素渾圓，是人的一種優秀品質。所以，古人主張：「有才者如渾金璞玉。」就是說，有才能的人要像未經冶煉的金和未經琢磨的玉一樣樸實渾厚。

美國開國元勳之一的佛蘭克林年輕時，去一位老前輩家中做客，昂首挺胸走進一座低矮的小茅屋，一進門，「嘭」的一聲，他的額頭撞在門框上，青腫了一大塊。

老前輩笑著出來迎接說：「很痛吧？你知道嗎？這是你今天來拜訪我最大的收穫。一個人要想洞明世事，練達人情，就必須時刻記住低頭。」佛蘭克林記住了，也就成功了。

在現實生活中，確有一些人能夠像佛蘭克林一樣低調處世。一些成功的企業家，不願接受媒體的採訪，謝絕文人為他發家史，而是腳踏實地、不事張揚地實施新的計畫，爭取更大的成功；一些優秀作家不屑於炒作，不願做文化明星，而是埋頭寫新的作品，努力在創作上超越自我；一些科學研究工作者，不因取得了顯著的成就而自滿自誇，到處宣傳，而是為完成新的科學研究專案，一如既往地奮鬥在

實驗室裡……低調處世，使他們得以避免外界的干擾，專心於自己的事業，從而取得更大的成就，同時更加受到世人的敬重。

著名商界大鱷李嘉誠，曾為自己剛剛步入商界的兒子李澤楷開出了這樣一條訓詞：「樹大招風，低調做人。」可見，低調做人是常人的處事法則，同時也是成功人士們的做人訓誡。

大家都知道勞斯萊斯是好車，其實好車還有賓利、邁巴赫。賓利和邁巴赫在外觀上非常一般，普通人根本看不出來其與一般車有什麼不一樣！但它們的內飾特別奢華，這是專門給有錢但又不願太張揚的人使用的！還有很多人都知道勞力士手錶，但很少有人知道百達翡麗。同樣，百達翡麗手錶的外觀也非常普通，根本看不出它有什麼與眾不同，但它確實是世界第一的手錶，同樣是為那些有錢但不願張揚的人士定做的！

西塞羅有言：「當我們走鴻運，事事如願以償時，切不可忘乎所以，盛氣凌人。因為成功時趾高氣揚與遭厄運時悲觀喪氣，都是一種淺薄和脆弱的表現。而在任何情況下都保持一種平靜的心情、恒定的態度和同樣的面孔，則是一件好事。」

後一句話，與我們今天所說的低調處世的意思大致相同。看來，這位西方哲人二百

多年前說的話，對於今天的成功人士而言，仍然是很好的忠告。

可見，低調做人，不僅可以保護自己，使自己與他人和諧相處，患難與共，更

能使自己暗蓄力量、悄然潛行，在不顯山露水之中成就偉業。

那麼，如何做人，才算低調？保持低調就是要學會藏拙，不要自以為滿腹才

華，就忘乎所以，即使你的本領確有過人之處，也要保持內斂。掌握低調的智慧，

要學會在行為上低調，才大不可氣粗，居高不可自傲；在心態上要低調，不要鋒芒

畢露，不要恃才傲物；在姿態上要低調，大智若愚，懂得讓步；在言辭上要低調，

說話時莫逞一時口頭之快，不可傷害他人自尊，不要揭人傷疤，得意而不忘形。

掌握了低調的智慧，你便能在工作、生活中達到和諧，事業上步入輝煌。

昇華寂寞

俗話說得好：「地低成海，人低成王。」懂得低調，才能儘量少地捲入是非，避免無謂的紛爭，然後不動聲色地做好自己該做的事情。低調做人，是做人成熟的標誌，是為人處世的一種基本素質，是一個人成就大業的基礎，也是有效保護自己的一種手段。

10 信念是一粒種子

寧肯子然而自豪地獨守信念，也莫不辨是非地隨波逐流。——邱吉爾

「這個世界上，沒有人能夠使你倒下。如果你自己的信念還站立著的話。」這是著名的黑人領袖馬丁‧路德‧金的名言。無論我們遇到多大的困難，也不要熄滅心中信念的火把。

曾經聽說過一個關於種子的故事。

在南方的一個小城裡，為了進行舊城改造，需要拆除許多陳舊的樓房。由於種種原因，改造久久沒有動工，搬遷已空的樓房在那裡任憑日曬雨淋。

等工程隊到達這裡的時候，他們驚奇地發現一所樓房的頂部，竟長出了幾棵野花野草。更為奇怪的是，其中有一些花草只有在北方才有。

後來，一些老住戶揭開了這些花草在南方生長的謎底。原來，小城是一個鋼鐵

小城，建設的時候，從北方來了大批的志願者。這些志願者在這裡安家的時候，有的帶來了家鄉的泥土，大概這些花草的種子就是那個時候混在泥土裡被帶到這裡的。

它們被壓在沉重的石頭磚瓦之下，一年又一年，幾乎已經完全喪失了生存的機會。

但令人感到意外的是，一旦它們見到陽光與雨露，就立即恢復了勃勃生機，綻開一朵朵美麗的鮮花。

小小的種子真令人驚歎，它們是如此的柔弱卻又如此堅韌，即使在沉重的磚瓦下壓上數百年，它們依然能夠保持自己鮮活的生命。那麼，一個人呢？當人們處於困境時，又當如何呢？是心灰意冷、萎靡不振，還是信念不滅、蓄勢待發呢？

我想，大多數人都會選擇後者。因為，只要心中懷著一粒信念的種子，無論遭受多少艱辛，經歷多少苦難，總有一天會走出困境，讓生命開出最絢爛的花朵。只要信念在，希望就在。有了信念，人們的精神就有了寄託，行動也有了意義，這樣的生命體自會燃燒出勇氣和希望。

事實上，人生從來沒有真正的絕境。

有一個女孩，在一家棉紡公司做擋車工。每個人都知道，擋車工沒有什麼技術含量，是個體力工作，每天的工作就是跑來跑去，接完一個線頭，還有一個線頭。

但是，這位女孩有個愛好，就是喜歡文字，偶爾也寫一些文章。她對同事發誓，此生一定要至少完成一部書稿。

同事對她的話顯得不以為然，大家都認為，這只是一名擋車工的美好願望罷了。

誰知，十年過後，這位女孩真的憑著自己的不斷學習和創作，完成了一部書稿，並被一家出版社看中，印製後在全國發行。

看來，信念的力量是驚人的，它可以改變惡劣的現狀，形成令人難以置信的圓滿結局。一個沒有信念，或者不堅持信念的人，只能平庸地過一生；而一個堅持自己信念的人，永遠也不會被困難擊倒，即使是一名小小的擋車工，也能圓了自己的作家夢。

信念，往往是一個簡單直接的目標，它從不奢求你太多，它不要金錢，不要名譽，要的只是你的關注，你的堅持不懈，你只需做到始終如一，它便成了力量的最高形式，無往不勝，愈挫愈勇。

蘇軾說過：「古之成大事者，不惟有超世之才，亦必有堅忍不拔之志。」蘇軾的父親——蘇洵從二十七歲時才開始刻苦讀書，最後依然躋身於「唐宋八大家」的行列。憑的是什麼？是信念，是必勝的信念。

當運動員在比賽中，揮灑著汗水的時候，他們的心中念叨的是什麼？是「我要奪冠」的信念。當消防員在大火中穿梭時，他們心中有的不是恐懼，而是「一定要控制火勢，拯救更多的生命」的堅強信念……

信念如磐，生命才有高度。或許我們已經明白，信念是走向成功的第一步，缺乏信念就等於放棄成功。守住自己的信念吧，哪怕它只是秋天的最後一片落葉，哪怕它只是水中一截腐朽的枯枝，只要你不曾對生活失去信心，生活就不會虧待你。

因為，守住了信念，就留住了希望。

昇華寂寞

一個人失去一隻眼睛和一條健全的腿，是不可怕的，可怕的是失去了生活的信念和追求的目標。信念是生命的脊樑。一個人活著，無論外界的環境多麼惡劣，只要心中信念的燈亮著，所有的絕境和困苦都算不了什麼。

第二章 心遠地自偏，寂寞自豁達

豁達是一種大度，一種胸襟。豁達的人往往有著寬廣的胸懷，有著海納百川的氣勢，不會為小事斤斤計較，更不會為個人的得失而鬱鬱寡歡。寂寞是最好的試金石，如果我們在寂寞的時候仍能保持一顆快樂的心，便進入了灑脫豁達的境界。

① 不為雞毛蒜皮的事生氣

生氣，是拿別人的錯誤來懲罰自己。

不知道從什麼時候開始，中國人把發怒說成「生氣」。一日，聽了一位中醫的講解後才曉得，原來人一發怒，真的會在體內產生「氣」。

嚴格說來，「生氣」就是中醫的一個名詞。《黃帝內經・靈樞篇》中對疾病的原因有一段說明：「夫百病之所始生者，必起於燥濕寒暑風雨，陰陽喜怒，飲食起居。」原來，我們的老祖宗很早就明白生氣是最原始的疾病根源之一，不但浪費身體的血氣能量，更是造成人體各種疾病的一個非常重要的原因。

發脾氣時，氣會往上沖，直沖頭頂，所以會造成頭頂發熱，久而久之就會形成禿頂。嚴重的暴怒，有時會造成肝內出血，更嚴重的還有可能會吐血，吐出來的是肝裡的血，程度輕一點的，則出血留在肝內，一段時間就形成血瘤。這些聽起來很

可怕，可是卻是真實的情形。

另外，還有一種悶在心裡的氣，也會對人體造成傷害。生悶氣會使得氣在胸腹腔中形成中醫所謂「橫逆」的氣滯，婦女的小葉增生和乳癌很可能就是生悶氣的結果。

由此看來，生氣產生的後果的確很嚴重。生氣，實質上是用別人的錯誤來懲罰自己，是一種最愚笨的行為。因為生氣造成死亡的人，其實也是真正「笨」死的人。

人生是短暫的。所以，生活中不要因一些雞毛蒜皮、微不足道的小事而生氣，為這些小事而浪費你的時間、耗費你的精力是不值得的。

一天，結婚登記處裡來了一男一女兩個青年。但兩人卻不是辦理結婚手續，而是氣呼呼地說要離婚。

工作人員心怡看了一眼兩人遞過來的結婚證書，發現兩人才剛結婚一年。再看看兩人的表情，心想：這倆人一定是氣急敗壞下做出的衝動決定，得想辦法勸勸他們。

於是，她問兩人：「你們為什麼離婚呢？」「他把家裡的電腦都砸了，還能過日子嗎？這日子過不下去了，一定要離婚。」女的搶先答道。「你還把茶几砸了呢，你怎麼不說說你自己。」男的氣憤地辯駁。

眼看兩人又要吵起來，心怡馬上插話：「為什麼要砸東西呢？」這時，女的把臉轉向了一邊，男的支支吾吾地說：「因為，因為一片廢紙。我把紙掉到了地板上，她讓我撿起來，當時我有其他事沒撿，她就開始囉嗦。最後，就成了現在這樣了。」

「那好吧，我給你們辦理離婚手續。不過，我得把你們『因為一片廢紙離婚』的原因記錄在案。」心怡說著就動手拿筆。

「不要，不要，這些小事就不用記了吧。」兩人齊心道。

「小事，既然是小事，你們幹嘛要離婚呢？」心怡笑著把結婚證書還給了兩人。兩人不好意思地接過，滿臉羞澀地攜手而去。

是啊，何苦非得生氣呢？難道我們因為生氣，就能使別人得到懲罰嗎？不能，生氣不但不能解決問題，反而會將問題弄得複雜。就像我們因為一些雞毛蒜皮的小

事大哭一場，結果也只是哭紅了眼睛；有時候，因為生氣大醉一場，結果只是自己胃痛半天……這些，其實都是在懲罰自己。

人生不如意之事十有八九，很多人總是在成年後覺得不快樂，懷念童年的無憂無慮，主要原因之一是步入社會後，會經歷很多「氣」事，內心漸漸積聚了很多怨氣，久而久之，人就會失去快樂的心情。

大家都聽說過「氣大傷身」這句話。所以，要學會控制自己的情緒，該生氣時不生氣，不該生氣時讓自己更快樂。

那麼，如何控制自己的情緒，讓自己不生氣呢？我們首先要明白，氣是別人給你的，你可以不接受。否則，生氣就是拿他人的錯誤懲罰自己。其次，遇到問題不要鬧情緒，要想辦法，或找有經驗或信任的親朋好友談心，讓別人從不同角度啟發你。再次，不要過於敏感，不要妄加推測別人對你的評價。要用平常的心態和信任的眼光看待周圍的人和事。學會與人為善，不對人過分挑剔，要心胸寬廣。這樣，你的「氣」就會越來越少，越來越順了。

昇華寂寞

　　英國著名作家迪斯雷利曾經說過：「為小事生氣的人，生命是短暫的。」所以，不要為小事生氣，要在困難和煩惱中學會忍耐和堅持、寬容和感恩，知足常樂並幸福地生活著。這，不僅是一種生活態度，更是一種精神力量。

② 換個角度看寂寞

> 遇到一些改變不了的問題時，切記不可鑽牛角尖，可以嘗試換個角度看問題。

人的一生，看待事情的角度不同，收穫也不同。以樂觀、豁達、體諒的心態來關照自己，認識自己，收穫的是心靈的豁亮、生活的坦然；相反，以悲觀、憂鬱、苦惱的心態來看待事物，對待自己，結果只會是困窘痛苦，無邊苦海。

有的人害怕寂寞，認為寂寞是洪水猛獸，避而不及。其實，在很多時候，寂寞是艱難困苦的良藥。所以，換個角度去看待寂寞吧，你就不會再為自己身處寂寞而頹唐，也不會為人生所得而得意忘形，寂寞是一種突破、一種解脫、一種超越、一種高層次的淡泊寧靜。

城市裡，計程車司機是與人交往最頻繁的職業，也是最寂寞的職業。因為，雖

然他們每天都與各種不同的人打交道，但卻始終擔任著陌生人的角色。王先生和李先生便是計程車司機大軍中的兩人，可兩人卻有著迥然不同的心態。

一大早，我跳上一部計程車，這部計程車的司機便是王先生。因為是早上，恰逢上班高峰，途中不停地出現堵車現象。看王先生坐在車內煩躁不安，我便和他聊了起來：「計程車這個行業好做嗎？」後照鏡中王先生的臉垮了下來，聲音臭臭的：「有什麼好的？早上出門的時候家人還沒醒，晚上回家都睡著了，一天連個說話的人都沒有，不說賺錢多少，光這寂寞的滋味就讓人不好受！」顯然這不是個好話題，我忙把主題換了。

下午下班的時候，我又跳上了一部計程車，這部計程車的司機便是李先生。途中依然不停地出現堵車現象，但李先生的心情看起來始終不錯，一張臉龐笑容可掬，有時還輕鬆愉快地哼上幾曲。我心中有些訝異，隨即問道：「你覺得計程車這個行業怎麼樣？」

他笑得露出了牙齒：「不錯呀，我的車很大很寬敞，每天還能帶著不同的乘客遊覽城市的美景，多好……」

「車上的人幾乎都不認識，你難道不嫌寂寞嗎？」我又問。

「寂寞什麼呀？我總是換個角度來想事情。例如，我覺得出來開車，其實是客人付錢請我出來玩。像今天下午，我就碰到你，花錢請我沿路看風景，這不是很好嗎？」他繼續說，「前幾天我載一對情侶去淡水看夕陽，他們下車後，我也下來喝碗魚丸湯，跟在他們後面看看夕陽才走，反正來都來了嘛，更何況還有人付錢呢？」

我突然意識到自己有多幸運，有幸跟開朗的李先生同車，真是棒極了。我決定跟這位司機先生要電話，以便以後有機會再聯繫他。就在將要下車時，李先生的電話響了，原來是熟客的用車電話，看來喜歡李先生的不只我一個。

李先生看待問題的態度不但替他贏得了好心情，也必定帶進許多生意。這就是換個角度看寂寞的好處。

世界醫藥學的鼻祖、古希臘著名醫生希波克拉底也曾說：「身體本身就是病症的良醫。」可見，人的情緒對健康影響極大。在寂寞的世界裡，人可以避免刺激，保持一顆好的心情，使自己進入灑脫豁達的境界，也就掌握了生命的主動權，有利

雖然我們在寂寞的時候會感到傷心、失望，生命當中會有坎坷、艱難，但關鍵是我們怎麼去看待它們。如果把坎坷看成是一種調味品，你就會感到坎坷的生活有滋有味；如果把艱難看成一筆寶貴的財富，你就會感到，它會豐富我們的閱歷，豐富我們的人生底蘊。

有位哲人曾說：「我們的痛苦不是問題本身帶來的，而是我們對這些問題的看法產生的。」這其實也是說，我們是快樂還是苦惱，關鍵在於我們從什麼樣的角度去看待。倘若我們能將寂寞轉換一個角度來思量，那麼，人生的寂寞將是通往成功的橋樑，生活中的寂寞將是一筆寶貴的財富。

一天，一個年輕人因為受不了寂寞而站在懸崖邊，痛不欲生。這時，一位老者手舞足蹈地緩歌而過。年輕人攔住老者問：「老人家，您為什麼如此快樂？你難道感覺不到一個人的寂寞嗎？」

老人朗聲回答：「天地之間，只有我一個人與日月相伴，與百草共眠，為什麼會寂寞呢？」

於健康長壽。

年輕人若有所思地點了點頭，然後依然滿臉憂傷地說：「老人家，我覺得很寂寞，不如別人生活得精彩。」老者微微一笑，說：「一塊金子和一塊泥土，誰更寂寞呢？」

年輕人剛要回答，老者擺了擺手，繼續說：「如果給你一粒種子，去培育生命，金子和泥土誰更合適呢？」說完，老者朗笑而去，年輕人頓覺釋然。

實際上，只要換一個角度看待，再寂寞的生活也會有滋有味，再寂寞的人生也會遍佈鮮花。因為寂寞之後，懸掛在我們頭頂的必然是幸福的彩虹。

換個角度看寂寞，寂寞是獲取成功的橋樑。真正的寂寞，不會是孤單的淒清，而應該思考，寂寞的時候才能剖析自己的內心。因為，寂寞的時候我們才能好好地帶有審慎的、細緻的思考的意識。

換個角度看寂寞，寂寞會是一道風景，是掌燈夜讀時火紅燈芯上結出的美麗燈花，是「舉杯邀明白，對影成三人」的自娛自樂，是「人生得意須盡歡，莫使金樽空對月」的豁達。

換個角度看寂寞，寂寞其實更應該是一朵開放在心靈深處最美麗的花，紮根於

孤獨的土壤，自我生發，自我妍麗。

梁實秋先生說：「寂寞是一種清福。換個角度看待寂寞，便能享受寂寞，躲過喧囂，消除浮躁，借不同的慧眼，寄不同的蘭心，觀看生命中不曾領略的風景，感悟人生中不曾體會的情愫。」人是需要點寂寞的，特別是在專注於一項事業或研究時，寂寞便是最好的土壤。

昇華寂寞

只要換一個角度去思考、觀察，就不難發現，寂寞展現給我們的並不是我們通常感覺的那麼糟糕，那麼陰霾漫天，那麼沒有希望。換個角度看寂寞，就不會只看到寂寞裡的「無」，而是看到寂寞裡寧靜的風景和安詳的心情。

③ 春天是冰雪釀成的酒

春天是冰雪釀成的酒，冰雪一融化，就變成了那醉人的春天。

——梅濟民

英國著名浪漫主義詩人雪萊在《西風頌》中有一個經典的詩句：「冬天來了，春天還會遠嗎？」這句話給處在困境中的人無限的希望與憧憬。

對於我們的生活來說，冬天代表了人世間遭受的苦難和屈辱；春天，則代表了美好的希望與成功。「寶劍鋒從磨礪出，梅花香自苦寒來」，對於四季來說，只有經歷了寒冷的冬天，才能迎來醉人的春天；對於生活來說，只有經過艱辛的磨難與煎熬，才能獲得無上的榮譽與成功。

朋友曾經講過一個故事，說一位成功的企業家，妻子早逝後，他由於一直忙於生意，忽略了對兒子的教養。兒子一直生活在衣食無憂的環境中，漸漸養成了好吃

懶做的毛病。

企業家大傷腦筋。為了培養兒子自主生活的能力，在兒子完成學業後，他表面上與其斷絕關係，逐出家門，暗地裡派人跟蹤保護。沒有經濟來源的兒子，曾經做過建築工、站過門崗、洗過碗，還遭遇過工頭的謾罵，幾次差點凍暈在街頭。

屢經挫折的兒子這才知道生活的艱辛，開始腳踏實地的工作、創業。五年後，企業家終於完成了對兒子的磨練，將兒子請回，說明原由，並將自己辛苦打拼一輩子的企業交給兒子打理。兒子接管父母的企業後，經營效益如日中天。

試想，如果不經過一番艱苦的磨練，兒子能養成堅忍不拔、積極進取的優良品格嗎？也許，企業家畢生的心血還會在兒子手中「壽終正寢」呢。

孟子說過：「天將降大任於斯人也，必先苦其心志，勞其筋骨，餓其體膚，空乏其身，行拂亂其所為。」常言道：「不經歷風雨，怎能見彩虹？」這些話都凸顯了苦難對人生多麼的重要！苦難，能磨練人的意志，增強人的毅力，激發人的潛能，增長人的才幹。

我們要正確認識到，苦難對人生來說具有非凡的價值。敢於面對苦難，並為之

努力奮鬥的人，才能享受到苦難最終帶來的財富。

著名的汽車商約翰・艾頓曾向他的朋友、後來成為英國首相的邱吉爾回憶起他的過去：他出生在一個偏遠小鎮，父母早逝，是姐姐幫人洗衣服、做家務，辛苦賺錢將他撫育成人的。姐姐出嫁後，姐夫將他攆到舅舅家，舅媽很刻薄，在他讀書時，規定每天只能吃一頓飯，還得收拾馬廄、剪草坪。剛工作當學徒時，他根本租不起房子，有將近一年多的時間是躲在郊外一處廢舊的倉庫裡睡覺……

邱吉爾驚訝地問：「以前怎麼沒聽你說過這些呢？」艾頓笑道：「有什麼好說的呢？正在受苦或正在擺脫受苦的人是沒有權利訴苦的。」他還說：「苦難變成財富是有條件的，這個條件就是，你戰勝了苦難並遠離苦難，不再受苦。只有在這時，苦難才是你值得驕傲的一筆人生財富。別人聽著你的苦難時，也不覺得你是在念苦經，只會覺得你意志堅強，值得敬重。但如果你還在苦難之中或沒有擺脫苦難的糾纏，你說什麼呢？在別人聽來，無異於就是請求廉價的憐憫甚至乞討……這個時候你能說你正在享受苦難，在苦難中鍛鍊了品質、學會了堅韌嗎？別人只會覺得你是在玩精神勝利、自我麻醉。」

艾頓的一席話，使邱吉爾重新修訂了他「熱愛苦難」的信條。他在自傳中這樣

寫道：苦難是財富，還是屈辱？當你戰勝了苦難時，它就是你的財富；可當苦難戰

勝了你時，它就是你的屈辱。因為，一切的美好和希望都要經過痛苦的醞釀和艱辛

的努力，只有經過艱辛的磨難，才能度過寒冷的冬天，釀出醉人的酒。

當寒冷的冬天來臨時，寒風瑟瑟，萬物凋零，給人蕭瑟之感。但不要忘了，在

冬天之後，就是春天的降臨，到那時，陽光明媚，草長鶯飛，萬物復甦，生機勃

勃。

處在黑暗、痛苦中的人，不要忘記尋找光明的希望，不要忘記，黑暗之後就是

黎明，痛苦過後就是幸福。正如，春天是冰雪釀成的酒，冰雪一融化，就成了醉人

的春天。

昇華寂寞

冬天並不可怕，它不過是四季之一。把冬天過得像在天堂，才是真正的強者

和贏家。如果不能學會享受，至少要學會禦寒，只要堅持下去，就能見到下一個明

媚的春天。

4 寂寞讓人更加從容

倉促的世界使我們感到厭倦，相對的寂寞是多麼從容，多麼溫和。

——安東尼・斯托爾

提到從容，有人會說，從容是中老年使用的詞語，沒有一定的經濟基礎，沒有經過苦難，就沒有資格談從容。果真這樣嗎？難道一個人一定在飽經風霜後才能露出從容的一笑？我卻一直固執地認為：從容，其實只是一種姿態，與經歷無關，與金錢無關，它是你無論何時何地都可以保有的，它是一種舉重若輕的氣質。

從容生活，有時需要一種定格和過濾。寂寞，便是很好的工具。

在紛繁複雜的塵世間，能夠擁有一份屬於自己的寂寞，是一種獨特的享受：你可以沏一杯香茗，或品一段古典音樂，讓疲憊的身心得到一次徹底的洗禮；你可以到林間沐浴輕風，或到草地上靜靜地放飛思緒……嘗試了這些，你就可以拋開所有

的浮躁與無奈，使自己變得從容安定。

喜歡熱鬧的人可能忍受不了片刻的寂寞，但長久地混跡於人群，就會沒有安靜下來思考的時間和心情。一個享受寂寞的人，一定是一個從容對待世界萬物的人。只有靜，才能使人心變得沉穩、從容、淡定。大畫家梵高可謂寂寞者中傑出的代表。他生前夠寂寞了吧，沒有知心朋友，也沒有人賞識他的畫。但他內心並不寂寞，他強烈地熱愛著大自然的一切。他以寂寞為筆，以生命為畫板，創造出一幅又一幅驚世之作。

姜太公夠寂寞了吧，妻子以為他無能而改嫁，他自己獨在他鄉為異客，但他依然堅信自己的理想有實現的一天，隱居在陝西渭水邊，從容地立鉤垂釣，不用香餌之食，離水面三尺，還自言曰：「不想活的魚兒呀，你們願意的話，就自己上鉤吧！」

結果，他不但釣到了周族首領姬昌（即周文王），還幫助文王的兒子武王姬發滅掉了商朝，實現了自己建功立業的願望。

其實，寂寞本身無所謂好壞，它是無法迴避的人生問題和哲學命題。安東尼・

斯托爾說過：「倉促的世界使我們感到厭倦，相對的寂寞是多麼從容，多麼溫和。」在他看來，寂寞並不是一件壞事，因為寂寞可以讓潔淨的精神世界不被世俗侵犯。

曾經有這樣一個故事。一個婦女叫雅麗，她的丈夫在人煙稀少的戈壁灘當兵，她便尾隨而來。

後來，她丈夫被調走了，雅麗便獨自在戈壁灘生活。戈壁灘方圓百里沒有人煙，她住的是四面透風的黃土房，喝的是又苦又澀的澇窪水，過的是「一口麵條一口沙，抬頭不見春姑娘，低頭只見浩瀚沙」的日子。

整日面對黃沙，她的生活真是太寂寞了。但是，正是生活中沒有摻雜繁雜的人和物，她發現天上的星星是那麼亮，就連黃沙翻飛的姿態都那麼優美。幾年後，她將自己的生活寫成了一本書《我與戈壁灘》，讀者深深地為書中從容瀟灑的主人公著迷，該書頗為暢銷。

當前，在我們的社會中，飄蕩著一些不良風氣：心浮氣躁，急功近利，弄虛作假，以權謀私，渾渾噩噩，飽食終日，貪圖享受，低級奢靡……在這種令人暈頭轉

向、莫衷一是的氣浪漩渦中，人人都被其所裹挾、所掩沒，已是身不由己，言不由衷了。

這時，我們想到了「從容」。但是，從容實屬不易。古往今來，中華民族的聖哲先賢、仁人志士無不是從寂寞走向從容的。屈原在寂寞的世界裡「九死不悔」，陶淵明因寂寞創作了《歸去來兮》，諸葛亮的「躬耕南陽、不求聞達」、范仲淹的「先天下之憂而憂，後天下之樂而樂」、文天祥的「人生自古誰無死，留取丹心照汗青」、林則徐的「海納百川，有容乃大；壁立千仞，無欲則剛」等，都是寂寞書寫的「從容」華章。

寂寞是一種進取，是一種不爭的進取，與「自信人生二百年，會當水擊三千里」的從容異曲同工。

昇華寂寞

寂寞是一項修煉，我們要從寂寞裡努力修煉各方面的素養，包括從容。寂寞是一種自守。倘若跟著「誘惑」走，被形形色色的「慾望」和「身外之物」所束縛，纏上了「名韁利鎖」，我們又如何「從容」得起來？

5 心胸開闊自瀟灑

世界上最寬闊的東西是海洋，比海洋更寬闊的是天空，比天空更寬闊的是人的心胸。

——雨果

人生在世，不可能一帆風順，常常會遭遇風浪和碰撞，受到挫折和困厄，感到煩惱和無奈。心胸開闊是說人要具備一個比海洋、比天空更為寬廣的內心世界，能容納萬事和萬物，能化解衝突和誤會，能平衡喜怒和哀樂，能經受勝利和挫折，保持清醒和愉快。

法國作家雨果說：「世界上最寬闊的東西是海洋，比海洋更寬闊的是天空，比天空更寬闊的是人的心胸。」的確，心胸寬廣是一種可貴的品質，它是成事者應有的內在涵養和精神境界。從社會現實來看，寬容大度，易討人喜歡，被人接納，受人尊重，因而在人際交往中如魚得水、左右逢源，減少做事的阻力，也能贏得朋

友，團結同事，激勵部下，在做事創業中凝聚人心、整合力量，擁有成大事的可能性。

一位老闆身邊有一個總是抱怨的年輕人，他雖然工作能力很強，但是卻沒有人願意和他共事，因此，一直得不到提拔。

有一天，老闆派這個年輕人去買咖啡。咖啡買回來後，老闆吩咐這個不快活的屬下舀一大勺咖啡放在一杯水中，不放糖然後喝了。「味道如何？」老闆問。

「苦。」年輕人齜牙咧嘴地吐了口唾沫。

老闆又吩咐他舀更多的咖啡放進茶壺裡。年輕人於是把更多的咖啡倒進茶壺裡。老闆說：「再嚐嚐茶壺裡的水。」年輕人倒了一杯嚐了嚐。老闆問道：「什麼味道？」老闆說：「味道很淡，不苦了。」年輕人答道。

這時，老闆對年輕人說道：「生命中的痛苦就像是不加糖的咖啡，不多，也不少。我們在生活中遇到的痛苦就這麼多。但是，我們體驗到的痛苦卻取決於放在多大的容器中。所以，當感到痛苦時，你只要開闊胸懷，便不再痛苦了。」

是的，你的胸懷就是你生活中的容器。當你感覺命運對你不公的時候，當你對

生活感到不盡如意的時候，你就要放開自己的胸懷。在寬廣的胸懷裡，一切不快和痛苦都顯得那麼的微不足道；在寬廣的胸懷裡，你將會活得很快樂，過得很幸福。

所以，一個人的快樂，不是因為它擁有的多，而是因為他計較的少。多的是負擔，是另一種失去；少並非不足，是另一種有餘；捨棄也不一定是失去，而是另一種更寬闊的擁有。讓心胸開闊起來則可以隨時調整自己，進退有據。

人生亦然，重要的不是發生了什麼，而是我們處理它的方法和態度。因此，我們要放開心胸，不要做一隻杯子，而要做一片湖泊。

心胸開闊是精神成熟的標誌，是品德高尚的外顯，是心智圓通的體現。很多時候，不是煩惱太多，而是我們胸懷不夠開闊。我們需要給自己的生命留下一點空隙，就像兩車之間的安全距離，以便有緩衝的餘地。

要過美好的生活，應該時時擁有一顆輕鬆自在的心，不管外在世界如何變化，自己都能有一片清淨的天地。清淨不在熱鬧繁雜中，更不在一顆所求太多的心中，放下掛礙，開闊你的心胸，心裡自然會清淨無憂。

開闊的心胸對每個人做人做事都尤為重要，但在現實生活中，卻並非每個人都

能做到心胸開闊。那麼,如何才能有開闊的心胸呢?

志存高遠,能胸懷天下。如果一個人有著遠大的志向和抱負,他就會有長遠的眼光,不會為眼前的小利而動心,不會為暫時的挫折而氣餒,不會為一時的得失而計較。一個人全身心地投入到自己所鍾愛的工作中,不惜忘我地為之付出和奉獻,就會從中獲得一種榮譽感和成就感,便無左顧右盼之暇、患得患失之虞、心浮氣躁之害,也就省去了許多煩惱。

修煉內功,方能厚德載物。《周易》中有一句名言:「天行健,君子以自強不息;地勢坤,君子以厚德載物。」厚德載物,就要在心中時常裝著他人。一個人心裡總想著為他人做點什麼,為社會奉獻點什麼,就不會為個人利益而患得患失,才會有所作為。心胸開闊來自於理性的思考和把握。尤其處於社會大變革的今天,各種觀念交叉碰撞,一些腐朽思想和文化也趁機而入,極易使人失去理智。因此,不斷加強自我修養,提高自身的綜合素質和隨機應變的能力,顯得尤為重要。

富有智慧,方能處世圓通。為人僅心態積極、胸襟開闊還不夠,還需要具有處世的智慧。有人說,滿腹經綸卻不懂得人情世故,就如同身懷大鈔而沒帶零錢一

樣。正如《紅樓夢》中有一句名言：「世事洞明皆學問，人情練達即文章。」擁有了圓通的智慧，就不會有什麼個人恩怨放不下，就會以開闊的心胸團結人，凝聚各種力量，為實現共同目標努力奮鬥！

昇華寂寞

用開闊的心胸容人容事，是一種精神、一種品質、一種境界。這種品質對每個人都十分重要，為人處世需要這種品質，做好工作也離不開這種精神品質。「山不辭土故能成其高，海不辭水故能成其大。」無論一個人，還是一個集體，要成就大事業，創造驕人的成績，必須有高山的氣度、大海的胸懷，勇於吸收好的東西，使之為我所用。

6 人生沒有過不去的坎

人的承受能力，其實是遠遠超過我們的想像的，就像不到關鍵時刻，我們很少能認識到自己的潛力有多大。所以，無論你正在遭遇什麼磨難，都不要一味地抱怨上蒼是多麼不公平，甚至從此一蹶不振。要記住，人生沒有過不去的坎，只有過不去的人。

曾聽說過一個故事，說的是一個年輕人要過河，由於河流湍急，年輕人站在河岸上始終邁不開腳步。

過了很久，來了一個老翁。老翁看年輕人愁眉苦臉的樣子便上前問：「年輕人，你怎麼了？為什麼站在這裡不開心呢？」

「我是為過不去河而發愁呢。」年輕人告訴老翁，他不會游泳，怕被河水沖走了，所以過不了河。

老翁聽了他的話後，脫下鞋、邁開步跳入水，不一會兒便到達了河的對岸。他在河對岸對年輕人喊道：「你不邁開步試試，你怎麼知道過不了河呢？你要記住，人生沒有過不去的坎，只有過不去的人。」

說得多好呀，人生確實沒有過不去的坎，關鍵看你怎樣面對前面這道坎。當你把一米高的坎看作是半米高時，就一定能夠邁過去；當把半米高的的坎看作是一米時，就會被身前的這道坎給阻擋住。

曾經有這樣一位平凡男人。小的時候得了一種怪病，終日與湯藥為伴。長大後，病終於好了，卻趕上了日本鬼子侵略中國，不得不扛起槍去趕倭寇。在戰爭年代裡，他睡過雪地，吃過草根，喝過污水，還得面對戰火的襲擊。一次，還被敵人抓到，被折磨得死去活來。和他一塊被捕的其他人受不了這種暗無天日的折磨，想到了自盡，他卻說：「別這樣啊，沒有過不去的坎，日本鬼子不會總這樣猖狂的。」

他終於活著熬到了把日本鬼子趕出中國的那一天。可是，他的家人卻在那炮火連天的歲月裡，全部死了。村上人都勸他想開些，他卻說：「是我命苦啊，不過再

苦日子也得過啊，人生沒有過不去的坎。」

後來，他結了婚。生活剛剛有些起色，他的妻子又在一次水災中被沖走了，只留下兩個嗷嗷待哺的兒子。他既要當爹，又要當媽，還得生活。在這巨大的打擊下，他很長時間都沒回過神來，但最後還是挺過去了，他一個胳膊抱一個孩子，不管他們聽懂聽不懂，自言自語般地對他們說：「娘死了，爹還在呢，有爹在，你們就別怕，沒有過不去的坎。」

他含辛茹苦地把兩個孩子拉扯大了，生活也慢慢好轉了，他也年紀大了。他逢人便樂呵呵地說：「我說吧，沒有過不去的坎，現在生活多好啊。」

可是，多災多難的生活好像只眷戀他一個人似的。就在他安享晚年的時候，又不小心出了車禍，失去了一條腿。兒子傷心地坐在病床上哭了起來，他卻說：「哭什麼，我不是還活著嗎。」

他依然開開心心的，直到臨終，他還在對兒子們說：「要好好過，沒有過不去的坎……」

其實，人生就是這樣，不可能一帆風順，到處都有坎坷，彎路讓我們走得更

長、更苦，但是讓我們懂得更多。

生活就像莫測的天氣，有疾風，也有暴雨後絢爛的彩虹。人的一生中，不可能是一帆風順的，在期待溫情的同時，也會遭遇許多坎坷。如果遇到坎坷便垂頭喪氣，那麼，就享受不到坎坷之後的美好。

人的生命是有限的，但是，在有限的生命裡，我們卻可以創造無限的奇蹟。跨過坎坷、越過磨難就是奇蹟的組合。我們要相信，磨難總會過去，幸福總會到來，坎坷與磨難只會讓生命更有力量，使人生更加精彩。

昇華寂寞

人類具有非凡的適應能力，不管遭遇什麼樣的坎坷，都要相信自己，去適應環境，生活下去。因為，人生沒有過不去的坎，信念會為你跨越人生的坎坷助一臂之力。

7 直面失意自歡笑

人們最出色的工作，往往是在處於逆境的情況下做出的，思想上的壓力，甚至肉體上的痛苦，都可能成為精神上的興奮劑。

——美國「聯合保險公司」董事長 貝弗里奇‧克里蒙‧史東

一次，一位在報社做記者的朋友告訴我：她曾經採訪過一位世界舉重冠軍。當時，她問了舉重冠軍一個問題：「你在走到領獎臺之前，一定也失敗過很多次，你是怎樣看待自己的失意的？」

那位舉重冠軍沒有絲毫猶豫地回答：「我們每個人都有不如意的時候，我在一次次的失意中，除了直面失意外，還善待失意，決心從失意中走出來。就是這樣，沒有別的選擇。」

這一問一答為大多數處在失意中的人們解決了疑惑。直面失意，人生就需要如此。

人生不如意事常有，考場上的敗北、事業上的挫折、情場上的無奈……都是失意。得意時，如含蜜棗，滿嘴香甜；失意時，如吞黃連，其苦難言。

但是，正是有了得意與失意，生活才變得多姿多彩。因為，人生不僅需要成功的慰藉，更需要失意的磨難。只有在失意的時候，我們才能更好地發現自己，認識自己，鍛鍊自己。可以說，失意是對我們每個人的考驗。

巴雷尼是諾貝爾生理學和醫學獎的獲得者。可是，巴雷尼卻是個殘障人士。

小時候，巴雷尼因病成了殘疾。面對人生最大的失意，他傷心得封閉了自己，終日躺在病床上一動也不動。

母親的心像刀絞一樣，但她還是強忍住自己的悲痛。她告訴巴雷尼，拉著他的手說：「孩子，媽媽相信你是個有志氣的人。希望你能直面失意，在人生的道路上勇敢地走下去！好巴雷尼，能夠答應媽媽嗎？」

母親的話像鐵錘一樣撞擊著巴雷尼的心扉，他「哇」地一聲，撲到母親懷裡大

哭起來。

從那以後，巴雷尼開始練習走路，做體操，常常累得滿頭大汗，但他硬是每天堅持完成所有的鍛鍊計畫。

體育鍛鍊彌補了殘疾給巴雷尼帶來的不便，他終於經受住了命運給他的嚴酷打擊。後來，他刻苦學習，以優異的成績考進了維也納大學醫學院。大學畢業後，巴雷尼以全部精力，致力於耳科神經學的研究。最後，終於登上了諾貝爾生理學和醫學獎的領獎臺。

其實，人生的失意就像是一條無形的鎖鏈，鎖住你的人恰恰是你自己，能打開這條鎖鏈的也只有你自己。失意時最不應該的是，因抱怨而失去信心和鬥志。人生苦短，就像三國時期的曹操所言，譬如朝露，去日苦多。如果人們心中失去了信心和鬥志，隨之而來的就是苦悶和一聲聲的歎息。

那麼，我們如何才能直面失意呢？

直面失意，要心境釋然。當你心境如水的時候，要與自己的內心真實地細談，坦然敞開靈魂深處的心扉，不必去擔心失意帶來的困擾。這樣，失意就成了廚房裡

的蔥薑蒜。失意不是人生的失敗，得意也未必是圓滿。人在江湖，有看不完的世界，只要不斷地追求，人生的美酒將會因為挑戰一次次的失意而變得更加醇香甜美。

直面失意，就是面對生活中的現實，一定要坦然。只要敢與靈魂深處中的自我挑戰，不管在勝利和失敗的日子裡，它都將成為你前進的動力，激勵我們對生活充滿信心，去迎接燦爛的明天。

直面失意，需要堅定的信心。平坦的大道固然走起來穩穩當當，但也會讓人失掉了警惕，也許一塊小小的石子就有可能成為跌倒的原由；失意，是鋪滿荊棘的荒道，雖然令人有所畏懼，但卻能讓人保持一顆清醒的頭腦。

失意不是失志，為達到夢想，我們要不懼艱難和險阻，樹立百折不撓的信心，並為之奮鬥不息。一次次失意的積累，才可能換來一次成功降臨，而一次次的小成功，才會換來一次大的成功。

昇華寂寞

失意是人生五線譜上的音符，只要我們的心是樂觀的、堅強的，它就會發出人生的最強音；失意是生命裡尚未成熟的青橄欖，它很苦澀，但只要我們善於用心血去澆灌生命之樹，最終就一定會收穫甜蜜。

8 天生我材必有用

天生我材必有用，千金散盡還復來。

——李白 《將進酒》

生活中，常常會有人嫌自己沒本領，什麼也幹不了，甚至自暴自棄、無所事事。其實，沒有人天生就是富貴命，做高官、當老闆；也沒有人天生就是貧民命，低收入、打苦工。天生我材必有用，就看是否抓住良機，用對地方。

倉庫裡住著三隻老鼠和一隻蝙蝠。三隻老鼠經常嘲笑蝙蝠鳥不鳥、獸不獸的：「你自己看看身上像什麼，跑又跑不快，又不會打洞，天天吃我們的食物。」「依我看呀，它就是個廢物，什麼都不會！」蝙蝠也真的以為自己什麼也不會，每天小心翼翼地守在倉庫裡。

有一年夏天，接連下了好幾天的雨，老鼠洞裡是水，倉庫裡也灌進了很多水，它們只能在倉庫屋頂躲了起來。

一天、兩天，雨雖然停了，可是倉庫的水卻遲遲沒有消退的意思。眼看著吃的東西都沒有了，老鼠害怕了，它們怕被餓死，更怕掉進水裡淹死。這時，蝙蝠不小心腳下滑了一下，眼看就要掉進水裡了，它奮力地扇動胳膊，沒想到竟然飛了起來。後來，它奮力地用嘴銜起三隻老鼠飛到了安全地帶。

得救後，老鼠們才知道了蝙蝠的用處。它們心想：「多虧了這個鳥不鳥、獸不獸的傢伙呀，不然，我們就死定了。」蝙蝠也明白了：「原來，自己才是最棒的。

生活中，我們也常常像蝙蝠一樣，認識不到自己的價值，一味地自怨自哀，自卑自輕。其實，每個人都是獨一無二的，我們就是自己最大的財富。每個人都有自己的優點，不要和別人去比較那些你不擁有的東西，而要多發掘自己所擅長的領域，肯定自己的優勢，才能找準自己的位置。

並且，只有先相信自己，別人才會相信你。只有正確認識自己的價值，對自己充滿自信，不斷發揮自身的潛力，才能將我們生存的意義充分體現出來。如果我們不吝嗇對朋友、同學的肯定和讚美，為什麼就不更多地鼓勵和讚美自己呢？時刻要記住：天生我材必有用，你自己生來就是一名勇士，你是天生的贏家。

大學沒考上的小潔失意、彷徨。「難道我什麼都不如人家？不對！天生我材必有用。」不服輸的小潔開始尋找自己的出路。

她一個人獨自來到廣州，幾經努力，應聘到一所幼兒園當教師。在一次學生家長會上，小潔天生的親和力和潛在的可塑性，深深地打動了前來參加家長會的一家企業的董事長。

會後，這位董事長將小潔叫到一邊，承諾以高出幼兒園薪水三倍的報酬聘請小潔，這令小潔激動不已。

小潔到職後，虛心好學，憑著自己精通電腦的才能深得老闆讚賞。後來，這位董事長將她介紹給一家電腦公司。在電腦公司裡，她如魚得水，不到兩年就晉升到了主管的位置。

又過了幾年，小潔自己開了一家電腦公司，充分發揮自己的才能，實現了自己的人生價值。

小潔的成功就在於她堅信「天生我材必有用」。假如她大學落榜後，認為自己什麼也做不了，那麼她就真的什麼也做不了，是她的自信幫助她最終走向了成功。

相反，有些人對自己困窘境況總是怨天尤人。有位青年，就是如此。家人看他

這樣下去也不是辦法，就領他來到一位老人家中，讓老人開導開導他。

老人對他說：「你擁有如此豐厚的財富，為什麼還要怨天尤人呢？」青年急切

地問：「它在哪兒啊？」「你的一雙眼睛，只要你能給我你的一雙眼睛，我就可以

把你想要得到的給你。」「不，我不能失去我的眼睛。」「好吧，那麼把你的雙手

給我吧，為此，我可用一幢房子作為交換。」「不，我的雙手也不能失去。」老人

最後說：「你有一雙眼睛，你就可以學習；有一雙手，你就可以勞動。現在，你自

己看到了吧，你有如此豐厚的財富啊！你就是無價之寶。」

老人開導了那位年輕人，也在教育著我們每個人：其實，我們每個人身上，都

有無盡的財富，只是我們暫時沒有發現而已。

昇華寂寞

善用物者沒棄物，善用人者無廢人。天生萬物各有其用，缺點有時也是優

點。所以，不要為自己的缺點而煩惱，好好利用，說不定它反而成為你最大的優

點。

⑨ 安詳，是真正的生命

一個擁有安詳的人，他沒有不滿，沒有懷疑，沒有嫉妒，沒有牢騷，沒有抱怨，沒有恐懼。所以他是生活在滿足中，他的人生是享受的人生。

人生就是一次長途跋涉的旅行，在歷盡風風雨雨、坎坎坷坷之後，才會擁有安詳的人生。《名師談禪》一書中曾說：「一個擁有安詳的人，他沒有不滿，沒有懷疑，沒有嫉妒，沒有牢騷，沒有抱怨，沒有恐懼。所以他是生活在滿足中，他的人生是享受的人生。」因此，我們也可以說，安詳，是真正的生命。

然而，在喧囂的塵世中，到處都充滿了誘惑，想要安詳的生活也並非易事。想要安詳的生活，面對大千世界的種種誘惑，要做到心不跳，眼不紅，不為金錢名利所吸引，不為「燈紅酒綠」所動心。要有泰山崩於前仍面不改色的氣度，還要有不與得失名利斤斤計較的坦然。

宋朝的呂蒙正，是歷史上第一位平民出身的宰相，第一個書生宰相、狀元宰相，是宋朝當宰相經歷過三朝的兩個人之一。

呂蒙正為人祥和，寬容。他剛入朝為官時，朝廷中有官員指著他說：「這小子也配參與商議政事嗎？」

呂蒙正裝著沒聽見，走過去了。他的同僚為他抱不平，問那個說話人的姓名，結果被呂蒙正制止了。呂蒙正說：「如果知道了他的姓名，就一生都忘不掉了，還不如不知道的好。」當時的人都佩服他安詳的心態。

還有一次，一個大臣想巴結呂蒙正尋求昇遷，說自己收藏了一個古鏡，能照見兩百里遠的地方，想把鏡子送給呂蒙正。呂蒙正笑著說：「我的臉只不過有碟子那麼大，哪裡用得著能照見兩百里的鏡子？」聽見他這番話的人都驚歎佩服。有人獻上一方古硯，那人當場打開，呵上一口氣，硯臺便濕潤可以研墨了。呂蒙正不屑一顧，他說：「就是一天能呵上一擔水，也只不過值幾文錢罷了。」獻硯者十分沮喪，從此，再也沒有人敢去碰釘子了。

人生之路，鮮花與荊棘參半，安詳是一切的根本，沒有安詳，便沒有光明的方

向和本心的甦醒，喜悅、幸福、和諧……都無從擁有，任何堅持終歸幻空，並且還會墮落而不自覺。而最直接的修行途徑就是感受安詳，保有安詳。想要安詳地生活，還要學會自我解脫，學會「他人氣我不氣」，做到「宰相肚裡能撐船」。

人們喜歡用包容、恬淡、平和等詞語來形容安詳。的確，一個人假如擁有安詳平靜的氣質，表明他具有豐富的人生閱歷，能夠洞悉人生的真相，明瞭自然法則和運動規律，深諳因果緣由和內在聯繫。

因此，安詳顯示著一種成熟，一種智慧。修為練達的人，經歷了風雨坎坷之後，為人處世有了萬事隨緣的感悟，不再張狂，不再浮躁，更不容易大喜大悲。他們言談文雅有序，舉止從容淡定，活得自在、快樂、自然。面對生死得失、進退取捨持恒定泰，理性地總結成敗榮辱、是非得失，做出明智的選擇。

要想獲得安詳的人生，要多接觸、注意、欣賞、流連大自然；多欣賞藝術，特別是音樂；遇事多想自己的缺點，多想旁人的好處，不要鑽到牛角尖裡不出來，不要老是覺得旁人對不起自己；把自己當成普通人看，不要裝模作樣地「偉大」；注意勞逸結合，該玩就玩，該放就放，該等就等；幽默一點，要懂得自我解嘲，允許

旁人開自己的玩笑；小事上傻一點，該健忘的就健忘，該粗心的就粗心。

做到了這些，你便能保持平靜安寧的心態，你就離安詳的生活不遠了。一個安詳的人，懂得如何駕馭自己，如何與他人融洽相處。他們總是心平氣和、安之若素地與人打交道。他們，稟性淳厚溫潤且有能力，懂得尊重他人又被他人尊重，無論陰雨連綿還是豔陽高照，都能鎮定自若，處變不驚，這種人定能無往不勝。

平平靜靜度難關，幸福安詳享春秋，是上佳人生。一個人能以安詳的心態，從容地看天空雲捲雲舒，看地上花開花落，看世間人聚人散，這便是一種平和安詳，也是一種永恆。願親愛的朋友們，都能及時進入美好的「安詳」狀態，快快樂樂地享受人生。

昇華寂寞

安詳與豁達寬容結伴，同寧靜慈悲為伍，以成熟豐富為內涵。如果用一句話作讚語，我以為人生最好的境界是：豐富的安詳。

10 寂寞是最好的禮物

人生的第一件大事是發現自己，因此人們需要不時孤獨和沉思。

——南　森

何為最好的禮物？最好的禮物就是我們想得到卻又不容易得到的物品。如果寂寞對我們來說是最好的禮物，那麼，誰不想得到最好的禮物呢？

有個病人，肚子疼，去醫院作檢查，醫生告訴他：「不得了，你得了肝硬化，得趕快住院治療。」他一聽腿都軟了，當時就站不住了。

住到醫院後，親朋好友輪番來探望他。他也知道大家是關心他，可是他心裡就是覺得煩，覺得大家都知道了自己是個得了重病的人。有了這樣的想法後，他只要看見親朋好友來，心裡便十分煩躁。親朋好友不停地來探望，他一直煩躁，一個月下來，病情非但沒有好轉，反而更加嚴重。

一個月後，他對家人說：「不行，我得轉院，去外地治療。因為，對我來說，最好的禮物不是大家輪番來看我，而是給我足夠的空間和時間。」得到家人的同意後，他誰也不讓陪護，隻身來到外地一家醫院治療。看他沒有人陪護，那裡的醫生問他：「不讓家人來陪你，你不覺得寂寞嗎？」他說：「為什麼呢？我覺得這樣挺好，很安靜，很適合養病。」

同樣是一個月後，他的病情大有好轉。又過了一段時間，竟然可以出院了。

有人說過：「寂寞有時是最好的良藥。」可見，寂寞對穩定情緒的作用是非常大的。在寂寞的世界裡，人可以更好地控制情緒，保持一個好心情，使自己進入豁達從容的境界，也就掌握了健康的主動權。

現在的生活太嘈雜。許多人總是陷於無窮無盡的日常事務和人際關係中，不能自拔。每天，不是這個同事結婚，就是那個朋友請吃飯陪客人，亦或者有人請你吃飯要你幫忙做事……不去吧，別人說你看不起人；去吧，自己又實在不想去。結果，能留給自己的時間與空間越來越少，越來越有限。

這使得我們根本無暇去瞭解自己的內心需要，不知道這一切到底是不是我們內

心的真實狀態。有時我們熱情周到地待人接物，而內心深處卻想著一人看書、去旅行，甚至是一人傻傻地發呆。我們往往會在心底呼喊遠離喧囂的城市，這或許正是我們的本性。這時，對我們來說，最好的禮物不是吃飯，也不是其他的物品，而是足夠放鬆心靈的時間和空間。

人們往往把交往看作一種能力，卻忽略了享受寂寞也是一種能力，並且在一定意義上是比交往更為重要的一種能力。反過來說，不善交際固然是一種遺憾，耐不住寂寞未嘗不是一種更嚴重的缺陷。

其實，寂寞對於每個人來說，都是最好的禮物。能夠畢生忍受寂寞並享受寂寞的人，往往是最快樂的人、真正懂得生活的不凡人。

和別人一起談古說今，引經據典，那是閒聊和討論，唯有自己沉浸於古往今來大師們的傑作之時，才會有真正的心靈感悟；和別人一起遊山玩水，那只是旅遊，唯有自己獨自面對蒼茫的群山和大海之時，才會真正感受到與大自然的溝通。

所以說，寂寞是最好的禮物。寂寞能夠使人漸漸安下心來，建立起生活的條理，用讀書、寫作或別的事務來驅逐寂寞。寂寞本身就是一片詩意的土壤，一種創

造的契機，誘發出關於存在、生命、自我的深邃思考和體驗。

寂寞又是人生中的美好時刻和美好體驗，寂寞雖然孤獨，但寂寞中卻又有另外一種充實。在寂寞的時候，我們從繁雜的人際交際和事務中抽身，回歸自我。這時候，我們獨自面對自己和上帝，開始了與自己心靈以及與宇宙中的神秘力量的對話。一切嚴格意義上的靈魂生活，都是在寂寞時展開的。

從心理學的觀點看，人之需要寂寞，是為了進行內在的整合。所謂整合，就是把新的經驗放到內在記憶中的某個恰當位置上。唯有經過這一整合的過程，外來的印象才能被自我所消化，自我也才能成為一個既獨立又生長著的系統。所以，有無享受寂寞的能力，關係到一個人能否真正形成一個相對自足的內心世界，而這又進而會影響到他與外部世界的關係。

昇華寂寞

有位名人說過：一個人沒有朋友固然寂寞，但如果忙得沒有時間面對自己，可能更加孤獨。所以，寂寞是生活給予我們的最好禮物，我們要像善待生命一樣善待寂寞。

第三章 幸福，和寂寞有關

寂寞本不分善惡，它可以是一種無奈，更可以是一種幸福的體驗。有一種幸福是寂寞，在寂寞的海洋中，我們能夠深刻地思考，感悟人生的真諦，從而感受屬於自己的幸福。

① 關於寂寞，關於幸福

不記得是誰說過了，寂寞是心靈的底色，無論日常喧囂生活如何撥

描畫，這底色總是不會改變的，隱藏於我們靈魂深處，突然在某一刻呈

現，也許就在羈旅之異鄉，也許是在夜闌人靜時分的想念……

幸福是一種感覺，一種對生活的滿足。這既是每個人追求的目標，也是整個人類追求的終極目標。

通常，我們以為寂寞與幸福無緣。其實，寂寞和幸福可以共存，我們在寂寞的同時，完全可以享受幸福與快樂。

一條小河，此岸遍佈荒草和荊棘，彼岸卻繁花似錦，鳥鳴嚶嚶。此岸有兩隻袋鼠，非常嚮往彼岸的生活，它們抱怨它們的母親為什麼把它們降生在這種鬼地方。

母親說：「你們知道嗎？出生在這邊比那邊更安全。想要繁花似錦的生活，只要耐

得住寂寞就行了。」

一天，一隻小袋鼠發現從對岸漂過來一片很大的樹葉，便迫不及待地跳上樹葉，想乘機伐到彼岸去。沒想到就在它跳上樹葉的瞬間，樹葉竟然沉了下去，這隻袋鼠也被河水沖走了。

另外一隻小袋鼠耐心地忍耐著。一天天過去了，他發現對面的花謝了，草也枯了，美景逐漸不見了，便傷心地哭了起來。媽媽知道了它哭泣的原因後，微笑著說：「你嚮往美景，你現在不正生活在美景裡嗎？」

小袋鼠向身邊一看：天啊，對面的美景怎麼全跑到這邊了，鮮花、草地……一樣都不少。媽媽告訴他：「寂寞過後，就是幸福。你懂了嗎？」

要想吃到可口的果實，你必須忍耐果子的成長；要想喝上醇香的好酒，你也要有耐性忍耐漫長的窖藏。很多事情我們必須忍耐，心急如焚不行，揠苗助長更不可取。要知道，也許正是在你長夜裡美美酣睡的時候，屋外的花蕾正競相綻放，在黎明時分為你準備了一份驚喜！

有人說寂寞是一件壞事，容易使人消沉墮落。的確，寂寞讓許多人迷失自我，

變得不再自信，變得懷疑。但這並不是寂寞的錯，只能怪寂寞的人太執著，意志太薄弱而已。

那已是他一年內換的第十份工作了。他剛從一所知名大學畢業，擁有英語六級證書，但第一家公司認為他沒有工作經驗；第二家公司嫌他外貌不佳；第三家公司的部門經理與他不合，他主動炒了老闆。第四家、第五家、第六家⋯⋯直到第十家，他都以失敗告終。

他寂寞地來到城郊，找到一位智者，向他訴說一年間的遭遇。

智者耐心地聆聽，之後說：「你先幫我分析個問題吧⋯⋯一個探險家出發去北極，最後卻到了南極，這是為什麼？」

「因為他走錯方向了，轉個身不就行了。」年輕人輕鬆地說。

「是啊，那你轉個身，不就是成功了？」智者哈哈一笑道。

瞬間，年輕人如醍醐灌頂，懂得了失敗的寶貴，興高采烈地拜謝而去。

每個人都會在人生的旅程中遭遇這樣或那樣的困難和挫折，當這些困難和挫折影響到我們的人生軌跡和心路歷程的時候，我們便只剩下寂寞。

因此，如何面對寂寞，就成了每一個人都必須應對的重大人生課題。

寂寞不是冒險，冒險給人一種挑戰的快感，而忍受寂寞總是讓人處於一種無可奈何、痛苦不堪的境地。所以，通常情況下，人們往往把寂寞看做人生中消極的東西。

當人遭受寂寞的時候，通常會有兩種表現：要嘛喪失希望，自我沉淪；要嘛堅毅隱忍，期待重生。前者是在強烈的打擊下，失去了積極創造和正面體驗的可能；後者則以尊嚴的方式承受寂寞，顯示了整個人性的高貴和尊嚴。

因此，尋求生命真諦的途徑也就有兩種，一是從創造和體驗美好事物的過程中讓心靈愉悅，二是肯定寂寞在人生中的意義，通過承受寂寞，讓心靈得到昇華，獲得寶貴的精神價值。既然寂寞在所難免，那麼，就讓我們通過寂寞獲得精神上那筆特殊的財富吧。

昇華寂寞

寂寞對於理性的人來說，只不過是冷靜的開始，教會我們理性地思考問題，看待生活。享受孤獨、享受寂寞，就如含一塊香濃柔滑的巧克力，口齒間全是馥鬱的甜蜜和絲一般的溫暖感受。

② 等待也是一種幸福

等待是一種艱苦的付出，是一種頑強的毅力，是一種堅定的信念，是一種幸福的美好體驗。

等待，就要忍受一種無法排遣的寂寞。等待賦予了人生別樣的魅力，讓我們體味了艱辛，咀嚼了痛苦，感受了無奈，沐浴了憂傷。正是漫長的等待，博大了我們的人生底蘊，豐富了我們的人生內涵。也正是經過了漫長的等待，我們才更加珍惜因等待而得來的結果，從而更加珍愛生活，珍視生命。

在一座村莊裡，劉家和李家是鄰居，他們各有一雙兒女。隨著兒子和女兒逐漸長大、入學，高昂的學費使兩家的生活越來越困難。劉家想快點結束貧困的生活，在兒女上完初中後，便讓他們外出打工去了，生活便些許好了起來。而李家則繼續供兒女上學，節衣縮食，貧困至極，但他們始終咬牙挺著。

一年，兩年……十幾年後，終於有了結果。劉家的一雙兒女依然在外打工，做的都是體力活，工資也僅夠一家吃穿。李家就不一樣了，兒子女兒大學畢業後，都有了體面的工作，買了房，還把二老接了去，過起了幸福的日子。這時，劉家開始了羨慕與後悔……

就像劉家和李家那樣，一直以來，我們也都在努力地尋找幸福。幸福是什麼呢？這似乎已經成為每個人探討的話題。其實，幸福很簡單，它往往蘊藏在追尋幸福的等待之中。幸福是達到目標後所獲得的快感。沒有等待的煎熬和努力，幸福又靠什麼來充實呢？

所以，在幸福之門尚未打開前，我們需要多一點耐心去等待。也許這種等待是一種寂寞，可當你勇敢地挺過去，結果也許就是柳暗花明的幸福美景。

其實，人的一生彷彿就是等待的一生。生命的過程本來就是一個等待的過程：母親等待自己孩子長大，妻子等待自己的丈夫平安歸來，癡情的戀人等待心愛的人帶著自己去找尋屬於他們的世外桃源……

等待是一件美麗又苦澀的事情，但也是一件幸福的事情。就像獨自品味一杯苦

咖啡，初入口中會有心底發苦的感覺，可當你緩緩嚥下、細細品味的時候，卻會感覺有另外一種清香長留腮間，漸漸地沁人心脾，那是一種甘醇的美。

在等待過程中，沒有一蹴而就的成功，也沒有信手拈來的幸福。所有的東西都要我們付出艱辛去追求，付出汗水去培育，付出耐心去等待，等到理想的實現，等到幸福的到來。

然而，很多時候，我們都太注重結果，只把「擁有一個結果」作為最後的結果，而沒有足夠的耐心去讓這個結果更美滿。

有對極其平凡的情侶，他們來自偏遠的鄉下。男孩是一家公司的企劃，女孩是一家公司的行政人員。男孩很愛女孩，他想讓女孩生活得更加幸福，便在一次競爭企劃項目時，偷了別人的企劃案。最終，把自己送進了監獄。

女孩知道後，痛苦萬分。她告訴男孩，她會等他，等他出來給她真正的幸福。

然後，女孩在離監獄最近的地方租了間房子，找了個能糊口的工作。就這樣，女孩守了三年後，男孩刑滿釋放。重獲自由後的他，被女孩的癡守感化，腳踏實地從頭做起，十年後，擁有了一家屬於他們的公司，有屬於自己的房子。雖然十年很漫

長，但他們卻很幸福。

有人說，幸福最終取決於意志的較量。取得幸福一般需要相當長時間的等待。

也許你會說，等待是一件痛苦又寂寞的事情，為何還要等待？等待，也許最終結果是惆悵和無奈。但是，要知道世界上諸事圓滿是美好的，但遺憾也是一種美好。人們常說「花未全開月未圓，此是人間好境界」。人生如果在等待成功的過程中留下了遺憾，那麼可能會在親情或友情上得到補償；如果在等待愛情的過程中留下了遺憾，那麼可能會在事業上得到補償……

所以，不必太過惆悵，開心地等待也是好的。

等待會使人的心態到達超凡脫俗的境界，使人的價值理念得到更高的昇華，是礪煉人們心性的重要途徑。在等待中平靜下來吧，心如止水，從急功近利中走出來吧，憑著一顆平常心，看紅塵飛舞，品世事沉浮。

昇華寂寞

等待是最美好的希望。馬丁・路德・金說：「可以接受有限的失望，但是一定不要放棄無限的希望。」為了把希望變成現實，我們就要執著地等待。只有堅忍不拔地等待，才會等來燦爛明媚的早晨！

③ 寂寞也幸福

當我們不能改變天氣時，可以改變自己的心情。這，就是人生的一種幸福。

和坐輪椅的人相比，擁有一雙舊鞋是幸福的；和癱瘓在床的人相比，能坐輪椅是幸福的；和死亡相比，活著就是幸福的……和苦難相比，寂寞是幸福的。

有個銷售員，生活窮困潦倒，每天都埋怨自己懷才不遇，總是感歎命運在捉弄他。

春節前夕，家家戶戶張燈結綵，到處充滿著佳節的熱鬧氣氛。他孤單地坐在廣場的青石板上，開始回顧往事：去年的今天，他寂寞一個人，以醉酒的方式度過了他的春節。今年，他還是寂寞一個人……這日子，實在是太寂寞了。

「唉，今年我又要寂寞地醉一場了。」說著，他拿出準備好的烈酒，打算以酒

驅散寂寞。這個時候，他突然看見大街上走過來一老一小兩個盲人，老的扶著小的，蹣跚地過著馬路。他頓悟：「我還能寂寞地享受大街上的風景，是多麼幸福呀！」

之後，推銷員不再抱怨，每做任何一件事都心平氣和，珍惜每一次機會，發憤圖強，力爭上游。數年之後，生活在他面前終於徹底改變了，他成了一名百萬富翁，擁有了如花美眷和可愛的兒子。

環顧生活的周圍，我們會發現，社會上有許多身體有缺陷的人，但他們對生活充滿了信心，對任何事都不抱怨，反而自立自強，脫穎而出，成為有用之才。而有些身體健全的人，卻厭倦生活，厭倦人生，抱怨同事，不滿意自己的工作……不知不覺地陷入了人生的絕境。

寂寞對每個人來說，並非什麼苦難，只是一種心靈的感受。在紛繁的世界中，我們的人生常常被某些無形的枷鎖困住了。名利、貪慾是枷，嫉妒、偏狹是鎖。這些枷鎖讓我們的生活有了遺憾，有了痛苦，有了寂寞感。其實這大可不必，只要我們掙脫了心靈的枷鎖，也就覺得了幸福。

曾經在一個演出中聽到主持人這樣問：「現在有哪位自認為是我們觀眾中最年老的？」

「我想我最老，」一位微笑著的老婦人回答說，「我今年九十二歲。」

那主持人問：「老祖母，您看來真是非常快樂、非常年輕。您不說，我還以為您只有六、七十歲呢。您可不可以給我們年輕的一代一點追求幸福的暗示呢？」

「我從來沒有追求過幸福，年輕人。」老婦人說，「我只是隨遇而安，時常找個地方坐下來休息，讓幸福來追求我。」

生活中，許多人喜歡追求幸福，但真正的幸福沒有幾個人能追求到。其實，過分地追求會錯過身邊很多可愛的人和美麗的風景，有時由於頑固的執著，還會傷及他人。

有時候，缺憾是一種美，寂寞也是一種幸福，就看人們是否能體會得到。逃避寂寞不一定能夠躲得過，面對不一定最難受，孤單不一定不快樂，得到不一定能長久，失去不一定不再有，轉身不一定最軟弱。所以，別急著說你一無所有，別以為世上只有寂寞，許多事情的答案都不只有一個，我們永遠有路可以走。

所以，當你感到寂寞的時候，請不要抱怨生活的不公平。至少，你有一顆公平的心，來選擇你是幸福的還是悲傷的。

昇華寂寞

緊閉的心靈，即使用盡心機，竭力奔波，找來再多的繁瑣東西，也無法將它裝滿，那真是徹底的寂寞。今天，人們忙著用物質生活來令自己滿足，卻不知過度地追求物慾，正是造成心靈寂寞的主因。其實，能填滿自己寂寞心靈的只有自己。

④ 寂寞——通往幸福的另一扇窗

上帝關閉了一扇門，必會為你開啟一扇窗。

曾經讀過一個耐人尋味的故事：一個小女孩心愛的玩具壞了，她非常傷心地趴在一扇窗邊，看著別人慢慢地將自己的玩具丟到垃圾筒裡，不由得流下了悲傷的眼淚。

這時，她的母親走了過來，輕輕地對她說：「寶貝，你為何不打開另一扇窗呢？」小女孩聽了，便一邊流淚一邊慢慢打開另一扇窗。突然，她被眼前的美景深深地吸引了：窗外各種各樣的鮮花競相開放，美麗的蝴蝶、辛勤的蜜蜂，還有很多很多叫不出名字的小鳥，正在熱鬧地穿行其中。看著看著，小女孩不禁破涕為笑，心情好了許多。

人生路上，我們會無數次被碰到的逆境擊倒，我們常常覺得自己一文不值，孤

獨寂寞。但無論發生什麼，或將要發生什麼，在上帝眼中，我們永遠不會喪失價值。在他看來，無論骯髒或潔淨，貧窮或富有，我們依然是獨一無二的珍寶。有時候，寂寞只是上帝為我們打開通往成功的另一扇窗。

有一個人，四十六歲的時候，被一次很慘的機車意外事故燒得不成人形，四年後又在一次墜機事件後，腰部以下全部癱瘓。

試問，假如換作你，你會怎麼辦？你或許以為，這輩子就只能在孤獨寂寞中老去了，或者有其他消極的想法。

但是，四級殘廢的他卻變成了百萬富翁，可以興致勃勃地泛舟、玩跳傘⋯⋯

他就是米契爾。那次機車意外事故，把他身上百分之六十以上的皮膚都燒壞了，面目可怖，手腳變成了不分瓣的肉球。為此，他動了十六次手術。手術後，他無法拿叉子，無法撥電話，也無法一個人上廁所。但米契爾從不認為自己被打敗了。他看著鏡子中難以辨認的自己，想到某位哲人曾經說的：相信你能，你就能！他很快從痛苦中解脫出來，經過努力奮鬥，變成了一個百萬富翁，在科羅拉多州買了一幢維多利亞式的房子，另外還買了一架飛機及一家酒吧。後來，他和兩個

朋友合資開了一家公司，專門生產以木材為燃料的爐子。

有贏有輸、有喜有悲才是多彩的人生。米契爾將傷痛看成沒什麼大不了的事情，並以此為動力，做出了許多常人做不到的事情。

麥吉的經歷和米契爾的非常相似。他曾是耶魯大學戲劇學院畢業的美男子，二十歲時因車禍失去了左腿。他依靠一條腿，成為全世界跑得最快的獨腿長跑運動員。三十歲時，厄運又至，他遭遇生命中第二次車禍，從醫院出來時，他成了一個四肢癱瘓的人。

絕望的麥吉感到非常寂寞，他開始吸毒，醉生夢死。但是，他很快在寂寞中想通了，決定開始他的下一步人生規劃。他不但攻讀神學博士學位，還幫助困苦的人解決各種心理問題，以樂觀的笑容給逆境中的人們送去溫暖和光明。

有句話說得好：上帝關閉了一扇門，必會為你打開一扇窗。假如你在人生的道路上遇到了阻力，不妨試試走小道，或許，這條小道是通向成功的捷徑呢。

有的人不能很好地面對挫折或失敗帶來的寂寞，於是當他們遇到一些經濟、生活或名譽上的挫折、失敗時，思想就崩潰了，進而走上了犯罪或輕生的不歸路。這

是一些經不起寂寞考驗的人，他們不會擁有幸福。

我敬佩那些善於從寂寞中找到出路的人，他們有善於發現的眼睛和寬闊的心境。曾經有位飽受寂寞的人說：「難道有永遠的寂寞嗎？不！我寧可忍受寂寞，也不要被慾望吞噬。因為，寂寞會為我打開另一扇窗。」

昇華寂寞

世上的任何事都是多面的，我們看到的只是其中的一個側面，這個側面或許讓人痛苦，但痛苦卻往往可以轉化。也許，當你寂寞的時候，只是處於痛苦與幸福互相轉化的時候。記住，即使是佈滿荊棘的山路，你也一樣能走過去。

5 把寂寞當樂趣

> 寂寞帶給我們的樂趣，就在於怎樣跨過一道又一道柵欄；平坦，反倒顯不出我們的腳力與速度。

沈從文大師曾說過這樣一句話：「孤獨一點、寂寞一點算什麼，等到什麼都失去的時候，你就會發現原來還有一個你自己。」所以，等到學會享受寂寞的時候，你會突然發現，原來寂寞也是一種樂趣。

不管是做什麼事情，關鍵看你的心態。你的心態好的話，能夠正確對待事物，用理智分析，用智慧行動，你自然就能享受寂寞，就不會有痛苦。俗世中很多人往往為了一些不切實際的目的耗費自己的生命，而且方法不得當，那樣不痛苦才怪。

不論寂寞有多難熬，只要我們正確對待，就會是一種樂趣。

能否正確對待寂寞，實際上取決於我們內心處理寂寞的態度和能力。很多時

候，你如果把寂寞當成煩惱，那麼，寂寞就真的很難熬；如果你把寂寞當作考驗自己能力的一種樂趣，那寂寞又何嘗不是一次幸福的機會呢？

超和勇是好朋友，他們兩個在大學即將畢業的時候選擇到同一家公司實習。這家公司是跨國大企業，薪水和待遇都很好，來這兒實習的學生都想被留下，他們兩個也不例外。於是，兩人勤奮有加，凡事搶著做。兩人的勤快、能幹很快便得到了辦公室所有人的喜愛和讚賞。

出乎意料的是，公司發出了人員已滿、近日不招聘員工的通告。超和勇很遺憾，在實習的最後一個月裡，大家對他們兩個都小心翼翼的，不敢和他們多說一句話。

超的情緒很激動。他把大家不和他說話的原因歸結到看不起他上，每天都像灌了一肚子火藥似的，逮著誰就向誰開火。勇則不這麼認為。他想：大家不理我，是給我留下更多的學習空間，我一定要把握好機會，利用這一個月好好學習公司的經驗。

一個月過去後，結果出乎所有人的意料。公司竟然摘掉了公告，聘用勇為該公

司的正式員工。辦公室主任當眾傳達了老總的話：「其實，這個張貼的公告，是老總考驗你們的一個方式。恭喜你順利通過考驗，獲得了你想要的工作。從明天起，老總將給你加薪，你將正式成為這裡的一分子。」

看到了吧，聰明的人懂得把寂寞當作學習的機會，而愚蠢的人則牢牢守住自己永遠的失敗。如果我們的一顆心總是被灰暗的風塵覆蓋，乾涸了心泉、黯淡了目光、失去了生機、喪失了鬥志，我們的人生軌跡豈能美好？而如果我們能保持一種健康向上的心態，即使我們身處逆境、四面楚歌，也一定會有「山重水盡疑無路，柳暗花明又一村」的那一天。

寂寞是人生不可多得的珍貴體驗。如何讓寂寞變成一種樂趣呢？我們不妨這樣做：

學會傾訴。當遇到不幸、煩惱和不順心的事時，切勿把心事深埋心底，而應將這些煩惱傾訴出來。如果沒有頭腦冷靜、善解人意的朋友，自言自語也行，對身邊的動植物講都行。

出門旅遊。當一個人心理不平衡、有苦惱時，應到大自然中去，讓人體的器官

和組織得到充足的氧氣，神經得到放鬆，心理得到平靜。

閉門讀書。讀感興趣的書，能拋開塵世間的一切煩惱。

聽聽音樂。音樂是人類最美好的語言。放聲唱歌也是一種氣度，一種解脫。輕鬆愉快的音樂會使人心曠神怡，沉浸在幸福愉快之中而忘記煩惱。

做做好事。幫助別人，能夠獲得快樂，平衡心理，還能使內心得到安慰，感到踏實。仁慈是最好的品質，你不可能去愛每一個人，但你要盡可能和每個人友好相處。在別人需要幫助時，伸出你的手，施一份關心給人，你也會得到快樂。

學會遺忘。忘記煩惱、忘記憂愁、忘記苦澀、忘記失意、忘記昨天、忘記自己、忘記他人對你的傷害、忘記朋友對你的背叛、忘記脆弱的情懷、忘記你曾有的羞悔和恥辱……這樣你便可樂觀豁達起來。

人生的道路是曲折坎坷的，恥辱、貧窮、誹謗、嫉妒、酸楚等能夠使我們寂寞。但是，寂寞的時候，我們可以將之當成一種快樂。

昇華寂寞

寂寞是心靈的一種體驗。人生短暫，萬事俱應想得開，隨時隨地保持心理平衡，守平常心，處變不驚，笑口常開，瀟灑走一回，自會快快樂樂地過一生！

⑥ 在寂寞裏發現幸福

適當的寂寞，往往會收穫意外的幸福。

風風雨雨，酸酸甜甜，才是人生，只要我們能以積極樂觀、向上進取的心態看問題，即使是在寂寞的時候，也能找到幸福。

常常聽到有人抱怨自己容貌不出眾，抱怨今天天氣糟糕透了，抱怨自己孤獨寂寞……剛一聽，還真以為上天對他不公平了，但仔細一想，容貌天生，不能改變，但你可以展現笑容；天氣不能改變，但能改變心情；你孤獨寂寞，但可以找到真我。人生路上不盡如人意之事太多了，為什麼非要鑽牛角尖？轉個身，說不定就會有意料不到的收穫。

美國報業大王盧斯一九二三年創辦了《時代》週刊，曾經風靡全球。接著，他又創辦了時代公司。正當他的事業如日中天時，遭遇了一九二九年美國的經濟大蕭

條，整個出版界陷入了困境，不少雜誌被壓縮或停刊，盧斯也陷入困境之中。

在困境裏，他沒有驚慌失措，而是冷靜地思考著如何在危險中尋找機會。他認

為正因為經濟危機，大批失業的工人才會更加關注當前的經濟形勢和有關評論、分

析。所以，當許多出版商壓縮或停產時，盧斯報導企業和金融動態的全新雜誌──

《幸福》問世了，立刻大受歡迎。

生活需要彎曲的藝術，做人做事需要一點彈性空間。遇到承受不了的壓力時，

不要一味地硬挺，你自己累，身邊的人也累。適當地彎曲一下，寂寞地思考一下，

人生也許就會開闊許多。說不定，幸福就在眼前。

一對夫婦為了挽回他們處於危機的婚姻，相約做一次旅行。

他們來到一個山谷，山谷並無特別之處，只是有一處引起了他們的注意：山谷

的一側長滿了楊樹等樹木，而另一側長滿了柳樹。因為當時正下著大雪，他們就搭

起了帳篷。結果他們發現，長滿柳樹那側的雪總比長滿楊樹的雪來得大。

夫妻倆經過認真觀察發現，柳樹的枝幹富有彈性，當雪積到一定程度的時候，

柳枝就會向下彎曲，直到雪從枝上滑落。而楊樹沒有這個本領，樹枝就被壓斷了。

發現這個後，夫妻倆好像明白了什麼似的，相互擁抱在一起。

看來，困境好似一個銅錢的兩面，翻過來是背面，順過去就是正面。喧囂的都市不一定能夠讓我們找到生活的真理，反而是寂靜的山谷給我們的心靈啟示。對於在寂寞中善於動腦的人來說，寂寞反而充滿機遇。同一件事情，同一種現象，在不同的人眼裡，是機遇還是危險，那是仁者見仁、智者見智的問題。

不過，我們在現實生活中說到「寂寞」的時候，常常只看到它令人傷痛的一面，而看不到幸福的一面。我們一聽到寂寞、孤獨等字眼，立刻覺得這是一個可怕的詞語。

正如生活中我們常常聽到諸如「現在生意不好做啦」、「經濟環境不好啦」、「資金不足啦」……當一個人總是說「不可能」、「不可能」時，也許就真的不可能了。有信心不一定能贏，但沒有信心一定會輸。

這世上的事情十之八九都是寂寞與幸福並存，災禍和幸運相依，有利有弊，有得有失。最危險的地方往往最安全，最安全的地方也許最危險。沒有過不了的火焰山，也沒有天上掉下來的餡餅。這些道理誰都明白，可當寂寞真正降臨在面前時，

我們又往往不知所措，愚不可及，只看到其可怕的一面，一味誇大兇險，似乎末日來臨，惶惶不可終日。殊不知，兇險的重重迷霧之後是柳暗花明的奇山秀水。

寂寞是生活的試驗劑，如果不能在寂寞中善於發現的話，那麼你就無法找到幸福。

昇華寂寞

面臨寂寞的我們，最重要的是不能被寂寞所左右，要始終胸懷夢想，對生活抱有希望，只要一息尚存，就永不言棄。因為失去了夢想，生命就像斷了線的風箏、折了翅膀的雀鳥，再也不能夠飛翔。當我們遇到寂寞時，我們不能悲觀動搖、頹廢畏縮，更不能放棄人生的目標。我們要把那些寂寞看成是過程，而不是結尾。

這，就是一種真正的幸福。

7 把寂寞忍成幸福

對於追求幸福的人來說，忍受寂寞是必須具備的基本素質。忍受寂寞是一種能力，而能在忍受寂寞中負重拼搏更是一種本領。

曾看到過這樣一則小故事：一棵西瓜苗，忍受著夏日烈炎和暴風驟雨，努力地結出了一個大而飽滿的西瓜，它希望第一個為主人送上夏日的清涼。但是，事實卻令它很失望，每次主人都只是對著它敲幾下就走了。直到田地裡的西瓜都快被摘完了，主人才將它摘下。讓它驚喜的是，它的種子很榮幸地被留了下來。

從這個簡短的故事中，我們能領悟到這樣一個道理：幸福，是需要忍耐的。

人總是會遇到挫折與失敗，總會被寂寞團團圍住，甚至在此時還會有人對你冷嘲熱諷、百般羞辱，如果我們無力反抗，只有忍耐。

忍耐不是一味地退讓和忍受，而是在尋求勃發的機會，在虛懷若谷中沉澱自

己、反思自己、默默充實自己。此時的忍耐只是一種暫時的退讓，避免不必要的碰撞，從而讓自己冷靜下來，思考得更多更深。這種忍耐也考驗著我們的意志，只有堅強的人才能經受得住考驗，才能在挫折中處於不敗之地，並尋求制勝之道。

忍耐有時是追求幸福的一種方式。生活就是如此，對於無力無助的小人物來講，在生活的困境中還能笑得出來，還能品味幸福，需要忍耐。

有一對剛剛結婚的小夫妻，本以為從此夫唱婦隨，美滿幸福。誰知，兩人卻因為生活中一些雞毛蒜皮的小事整天吵吵鬧鬧。女人心想：原來那個溫柔體貼、好脾氣的男人哪裡去了？難道我就要跟這樣一個抵死不肯認錯、什麼事都要跟我針鋒相對的男人過一輩子？一氣之下，女人回了娘家，男人回歸單身。

分開了一段時間後，女人忍不住去跟母親訴苦。母親卻說，天下沒有不吵架的夫妻，你們總是爭吵不休，不是因為你們有天大的矛盾，只是因為你們欠缺耐心和細心。你總認為男人應該有寬闊的胸襟、包容的氣度，讓你任性胡來，而他也是初為人夫，年輕氣盛，憑什麼就得事事都讓著你？

母親還說：夫妻就像是對方的鏡子，假如你沒有足夠的耐心和勇氣去對他笑，

又怎麼能夠攜手一生？

是啊，忍耐一下又何妨？漸漸地，女人改變了自己的態度，發生矛盾時強迫自己閉上嘴，回到臥室默默數數，然後換一種表情出來和他一起看電視裡的各種球賽轉播。男人也逐漸溫和起來，有了不同意見總是輕聲細語慢慢道來，大多數時候都會退讓──看電視不再跟她搶遙控器，偶爾出差不忘記買小禮物回來……

想不到，忍耐竟讓瀕臨倒塌的婚姻之牆修復一新。看來，幸福真的需要忍耐。

很多時候，「智慧」可能失敗，「天才」可能無能，「機智」與「手腕」也可能束手無策，甚至連「希望」也可能宣告絕望。這個時候，如果心中走來了「忍耐」，不後退，不放棄，當別人停止前進時你仍然堅持，當別人失望放棄時你仍然行進。那麼，你的生活就會出現轉折，轉敗為勝，轉痛苦為幸福。於是，不可能成為可能，生意做成了，事業成就了……

寂寞也需要忍耐，具有忍受寂寞的能力是獲得幸福的必備條件，忍受失敗的能力是重新振作的力量泉源，忍受屈辱的能力是成就大業的必然前提。「忍受」能力，在某種意義上構成了通向幸福的巨大動力。不能忍受寂寞的人，是不可能長久

幸福的。

忍耐代表著寬容。面對惡言相加，我們忍耐，並不是因為我們畏懼，而是因為我們有一顆寬容的心。面對譏笑與諷刺，我們忍耐，並不是因為我們懦弱，而是因為我們有博大的胸懷。

忍耐可以使我們以一顆冷靜、平常的心態對待各種困難，在時機不成熟時保存實力，在機遇來臨時發揮自己的能量。忍耐使人更加成熟，使人能更深刻地領悟人生。

昇華寂寞

幻想即刻幸福，不如在艱難寂寞當中忍耐，一旦時機成熟，必然水到渠成。

諺語云：「萬事皆因忙中錯，好人半自苦中來。」許多成功都在忍耐多次的寂寞和失敗後，愈挫愈勇，最後到達幸福的彼岸。要想生活得幸福安康，需要在寂寞中耐心觀察，等待因緣。

8 寂寞與幸福相鄰

幸福就像夕陽，人人都可能看見，但多數人的眼睛卻望向別的地方，因而錯過了機會。

——馬克·吐溫

每一個人都渴望擁有幸福的人生，但並非人人都能獲得幸福。這並不是因為得到幸福有多難，而是因為我們沒有看清幸福的本質。

幸福是什麼？從古到今，許多人曾經試圖定義幸福的含義。是擁有無盡的財富？是衣食無憂的生活？還是受人注目的地位？如果這些都不是，那麼什麼是幸福呢？

其實，幸福很平凡。幸福只是一種感覺，與貧富無關，與內心相連，它就在我們身邊，也許只有一牆之隔，也許就在轉身的剎那。

有一個年輕人，他一直為找不到自己的幸福而終日抱怨。痛苦絕望之下，有一天，他來到大海邊，打算就此結束自己的生命。

在他正要自殺的時候，正好有一位老人從附近走過，看見了他，並且救了他。

老人問他為什麼要走絕路，他說自己得不到幸福，感覺很寂寞……

老人將他領到一座堅固的鐵牢裏，給他一串鑰匙，說，只要你能從這個牢房裏走出去，便能找到屬於自己的幸福。

年輕人聽後，拿著鑰匙來到牢房的大門前，用力地開大門的鎖。可是，三十分鐘過去了，年輕人小心翼翼地試完了所有的鑰匙，也沒有打開大門的鎖。一個小時過去了，他又試了一遍，還是打不開。兩個小時過去了，他找遍了整個牢房，還是找不到打開牢房鎖的鑰匙。最後，他筋疲力盡地順著牢房的牆壁滑坐在了地上，心想，莫不是老頭要我？

就在這時，牆壁被他靠倒了。原來，這個牢房看似牢固，其實是用木板立的，只有大門比較牢固。

生活中，我們常犯和年輕人一樣的錯誤，認為通向幸福的大門都是上了鎖的，因而喪失了許多得到幸福的機會。其實，幸福或許就在與我們相鄰的地方，只是我們不願去碰觸。

幸福很簡單。曾經看過這樣一個故事：

繁華的大都市不斷接納著來自各方的打工者，其中有一對夫妻也帶著一雙兒女來到了繁華的都市。夫妻倆是一家電子廠的臨時工，不但要辛苦地掙到足夠生活費，還要供兩個小孩上學。

在周圍人看來，他們的日子一點都不幸福：一家四口人擠在不足十坪的房間裏面，傢俱和各種生活用品擺得雜亂無章……他們沒有足夠的金錢，沒有與別人競爭的本錢，他們只是很安靜地偏立於一個默默無聞的角落，在一個很小很小的空間裡過著自己的生活。

可是奇怪的是，他們卻經常把幸福掛在臉上：每天下班後，女主人哼著歌，悠閒地地洗衣、做飯；傍晚的時候，夫妻倆一人牽一個孩子，伴著暖暖的夕陽外出散步，一路歡聲笑語……

原來，幸福不完全取決於金錢。

古往今來，無數人執著地追求著各自心目中的幸福。嫦娥懷抱著幸福的夢想，吞下了長生不老丹，飛上九天，成了月中仙子，可是，獨守著寒冷的廣寒宮，她是

否幸福呢？

嗜財如命的葛朗台，擁有財富大概就是他最大的幸福。但當他年老力衰地坐在輪椅上念念不忘他的金子時，這樣的幸福是多麼的可悲。

許多時候，人們不是得不到幸福，而是幸福就在身邊卻視而不見。常常聽見一些人抱怨收入低，壓力大，沒有錢，沒有車，沒有房子。是的，這些也許都是事實。可是，周圍許多人也許比你更低微、更貧窮、更無助。跟他們相比，我們還有什麼值得抱怨的？

到底什麼才是真正的幸福？杜甫有詩云：「安得廣廈千萬間，大庇天下寒士俱歡顏。」這是杜甫認為的幸福；「安能摧眉折腰事權貴，使我不得開心顏。」自由自在的幸福是李白的人生寫照；司馬遷用「人固有一死，或重於泰山，或輕於鴻毛」詮釋了自己對幸福的理解；而登上岳陽樓的范仲淹面對滾滾的江水，吟誦著「先天下之憂而憂，後天下之樂而樂」，以此為幸福……

原來，幸福離我們並不遠。幸福和寂寞一樣，就是一種感覺。在我們的心裡，寂寞在左，幸福在右，互相為鄰，轉瞬即到。帶著一顆懂得幸福的心去生活，幸福

就會永遠和你同在。

昇華寂寞

有人說幸福很難，有人說幸福很簡單，其實幸福就在你身邊。用一句流行語：「幸福」就是貓吃魚，狗吃肉，奧特曼打小怪獸。幸福就是時刻感到滿足，幸福就是好好珍惜現在所擁有的一切，包括寂寞。

9 一粒沙的幸福

> 幸福只是一種心態。你感到幸福，生活便幸福無比；你感到痛苦，生活便痛苦不堪。

很久很久以前，在寂靜的海底躺著一粒沙。水下風平浪靜，這粒沙平安地度過了好多年。可是，它始終覺得自己很不幸福，生活得寂寞難耐。

它拼命地晃動自己的身體，想要離開水底。一天，一股暗流襲來，將它捲進了一個黑洞裡。它知道，它進入了一隻蚌的身體。它想，終於有了出頭之日。多年以後，這粒沙裹在珍珠的體內被人們取了出來。這粒沙太高興了，它終於不再寂寞。

可是，它的高興沒有持續多久，因為，外面的世界雖然很精彩，但是也很無奈。它先是被賣來賣去，後又被丟在馬路上，在飛馳的車輪下滾來滾去，幾次差點喪命。

後來，它被一個小男孩撿到。又過了好多年，小男孩長成了男人，在一次出海的時

候把它丟進了大海裡。

這粒沙又重新回到了大海的懷抱。這時，它覺得自己實在太幸福了。因為，它終於結束了流浪危險的生活。

就像這粒沙那樣，凡塵俗世中，總有許多不甘寂寞的心，會抱怨生活平淡無奇、日子索然無味。於是，燈紅酒綠中多了些買醉的身影，麻痺了的心靈再也生不出詩情畫意的風花雪月，曾經的美好被滄桑替代……

他們時常在想，幸福在哪裡？幸福離我有多遠？其實，幸福就在他們身邊，只是他們沒有察覺而已。

小的時候，有親人溫暖的懷抱，有可親可愛的夥伴陪著自由玩耍，是一種幸福；隨著時間逝去，成長中的我們在一次次戰勝困難的時候，也會領略到幸福的滋味；長大後，經歷著一次次的愛戀、傷痛後，猛然發現，這一切都意味著某種幸福。

曾聽說過這樣一個故事：有一個人非常幸運地獲得了一顆碩大而美麗的珍珠。

然而，他並不感到滿足，因為那顆珍珠上面有一個小小的斑點。

他想，若是能夠將這個小小的斑點剔除，那麼它肯定會成為世界上最珍貴的寶物。於是，他就下狠心削去了珍珠的表層，可是斑點還在；他削去了一層又一層，直到最後，那個斑點沒有了，珍珠也不復存在了。

那個人心痛不已，由此一病不起。在臨終前，他無比懊悔地對家人說：「若當時我不去計較那一個斑點，現在我的手裡還會摸著一顆美麗的珍珠啊。」

生活中，我們每個人都在尋找著屬於自己的珍珠，有的人本來已經擁有了珍珠，看起來卻仍很煩惱；有的人貌似沒有珍珠，看起來卻很幸福。所以，人生的幸福是自己給的，不是不容易得到，而是看你願不願意得到。

世界上尋找幸福的人通常有兩類：一類像在登山。他們以為人生最大的幸福在山頂，於是氣喘吁吁、窮盡一生去攀登。最終卻發現，他們永遠登不到頂，看不到頭。他們並不知道，幸福這座山，原本就沒有頂、沒有頭。

另一類也像在登山，但他們並不在意登到哪裡。一路上走走停停，看看山嵐、賞賞虹霓、吹吹清風，心靈在放鬆中得到了某種滿足。儘管不是大愉悅，但是這些瑣碎而細微的開心也足以縈繞心扉。

也許，幸福並不是一種完美和永恆，而是心靈和萬物的一種感應和共鳴，是一種生命和過程的美麗，是一種內心對生活的感覺和領悟。就像花朵在黎明前開放的一刻、秋葉在飄落的瞬間、執手相看的淚眼、心中的月圓月缺……每個快樂的時光都是幸福的。

對於寂寞的心靈來說，只要時時能夠得到快樂，便已得到了幸福。

昇華寂寞

幸福總圍繞在別人身邊，煩惱總糾纏在自己心裡，這是大多數人對幸福和煩惱的理解。其實，每個人都是幸福的。只是，你的幸福，常常在別人眼裡。就像卞之琳《斷章》所寫的那樣，我們常常看到的風景是：一個人總在仰望和羨慕著別人的幸福，一回頭，卻發現自己正被別人仰望和羨慕著。

10 寂寞，不必苦惱

寂寞是種清福。

喝過黃連水，才知井水甜；度過黑夜的人，才知道光明的可貴；經歷過寂寞的人，才會瞭解真正的幸福。幸福，就是寂寞過後平平淡淡的生活。

寺廟門前有一片荒地，什麼都不長，年年都那麼荒著。沒有誰去注意這塊荒地，也沒有人會想到它有什麼用，更不相信它有朝一日會成為一道風景。

寺裡有一個和尚，雙目失明，還是一個瘸子，大家都說他是來寺裡混吃混喝的，沒人願意理他，更沒人想到這樣一個寂寞的人會和一片荒蕪的土地連在一起。

這個雙目失明的和尚沒有把荒地當成荒地，在別人誦讀經書時，他卻摸著鋤頭一瘸一拐地來到地裡一鋤一鋤地整理，播下了一粒粒花種。日復一日，他一有空就到地上忙碌，那些耳聰目明的人以為他是寂寞得發了瘋。然而，就在別人的譏笑

中，和尚撒播的花種發了芽、長了莖、綠了葉。一夜春風過後，花蕾全部綻放，其

他和尚步出寺門，在美麗的花朵面前，全都呆了。

這世上，沒有長不出希望的荒地，也沒有無用的人，只要有心，哪裡都會充滿

希望。

人生的幸福美滿其實就是一種感覺，一種心情。你是歡欣鼓舞、輕鬆快樂，還

是孤獨苦悶、疲勞不堪，主要由心態來支配。我們必須學會經常讓心靈放個假，做

到內心平衡安寧，才能感受到生活的輕鬆快樂和人生的幸福美好。

這個心靈的假期，這份寧靜的心境，便來自於寂寞。寂寞的時候，可以看看

天、看看雲、看看海，讓心靈沉浸于水明山色之中，享受「岩上無心雲相逐」的恬

然之境；可以讀讀書、讀讀報，享受一篇篇美文、一首首好詩、一句句佳句。

蘇軾無疑是文壇的雄鷹，他是高歌「大江東去」的巴蜀大漢，他是低吟「十年

生死兩茫茫」的癡心之人。然而，這妙言佳句竟都出自他被貶之後，即是他人生的

寂寞之時。是寂寞讓蘇軾放下了政界的勾心鬥角，是寂寞讓蘇軾卸下了官場的喧

鬧，是寂寞讓他冷靜思考，而後開始了寂寞而不孤獨的人生。

陶淵明曾是一個牧童，「問君何能爾？心遠地自偏」，這是多麼難得的寂寞。

寂寞讓他的心靈得到了昇華和永生，是寂寞讓他站在高處，俯視生靈，特立思考。

有朋友說，「一杯茶，一觚酒，一支煙，一本書，一面牆」，便能詮釋寂寞的含義。我說，「享受寂寞如空階聽雨」，當你一個人坐在陽臺上，隔著窗兒，聽空中「滴答滴答」落下的雨滴，敲打著樹葉，敲打著地面，煩躁的心靈復歸平和，產生一種超然的幻覺，淨化被慾望侵蝕的心靈，那會是怎樣一種悠然呢？

在越來越喧鬧的塵世中，人們越來越需要一份寂寞。寂寞可以讓人感覺到一種空靈悠遠的境界。在這種境界中，我們可以脫離塵世的喧囂，任思緒盡情飛揚，任想像自由翱翔，讓憂傷透徹沉默，讓痛苦在此發光。

寂寞時，還可以與自己交談，任思緒如涓涓小溪自在流淌，隨意取一瓢飲，細細把玩品味，或形之於文字，不也是一件幸事？

真正意義上的寂寞是一種文化底蘊的體現，含蓄、雋永；是一種理性有層次的思考，深刻、清醒；是一種精神領域的探求，睿智、通達。寂寞到了深處就不會把它掛在嘴邊，而只是淡淡地一句「天涼好個秋」，便蘊涵了所有的意境。

感受寂寞是一門學問，也是一門藝術，寂寞有時候也是一種快樂的體驗；耐得住寂寞是一種風度，也是一種功夫，這是人生的一種境界；懂得寂寞，才會享受寂寞，寂寞才會是一種幸福。

昇華寂寞

人生一世，活的就是一種精神。我們要適時地給心靈放個假，享受一下寂寞，擁有一副健康的身體，養成一種良好的心態，過一種從容安適的生活。心靈安頓了、平衡了、豐盈了，我們的人生也就快樂了、美好了、無憾了。

Chapter 4

第四章 包容寂寞，感恩生活

人生在世，常常因為忍不了打擊和重負而失去所有，變得寂寞。其實，失去，往往意味著會得到更多。所以，我們要學會感恩，感謝寂寞讓我們有了更大的空間去得到。

① 感恩——人生的美德

請記住，人是為別人而生存的。我的精神生活和物質生活都依賴著別人的勞動，我必須以同樣的分量來報償我所領受了的和正在領受的東西。

——愛因斯坦

人生道路，曲折坎坷，不知有多少艱難險阻，甚至遭遇挫折和失敗。在危困時刻，一雙溫暖的雙手、一句體貼的話語、一個鼓勵的眼神，或一個並不寬厚的肩膀便能給你支撐、慰藉，使你最終戰勝苦難，揚帆遠航，駛向光明幸福的彼岸。

那麼，你能不存感恩之心嗎？《朱子家訓》上說：「一粥一飯，當思來之不易；半絲半縷，恒念物力維艱。」目的就是要讓我們懂得感恩，時時懷著一顆感恩的心。感恩是一種善良的美德，也是一個人做人的基本條件。

感恩的關鍵在於回報意識。回報，就是對哺育、培養、教導、指引、幫助、支

持和救護自己的人心存感激，並通過自己十倍、百倍的付出，用實際行動予以報答。人人都應懂得感恩，能對一花一草、一山一水都表示謝意的人，他的人生必定是豐富而富足的。

美國微軟公司的副總裁史蒂文斯便擁有一顆感恩的心。也正是因為他擁有感恩的美德，才一步步走上了副總裁的位置。

在到美國微軟公司工作以前，史蒂文斯曾是一家公司的程式工程師。在這家公司工作了八年後，公司卻突然倒閉了，史蒂文斯也失業了。當時，他的第三個兒子剛剛降生，重新工作的壓力迫在眉睫。然而一個月過去了，他沒找到工作。除了編程式，他一無所長。

終於，他在報上看到一家軟體公司要招聘程式工程師，待遇不錯。他拿著資料，滿懷希望地趕到公司。應徵的人數超乎想像，競爭異常激烈。憑著過硬的專業知識，他輕鬆通過筆試，可是由於沒有回答出來面試的問題，應徵失敗了。

但是，史蒂文斯覺得公司對軟體業的理解，令他耳目一新，雖然應徵失敗，可他也收穫不小。為此，他寫了封感謝信：「貴公司花費人力、物力，為我提供了筆

試、面試的機會。雖然落聘，但通過應徵使我大長見識，獲益匪淺。感謝你們為之付出的勞動，謝謝！」

這是一封與眾不同的信，這封信被層層上遞，最後送到總裁辦公室。總裁看了信後，一言不發，把它鎖進了抽屜。

三個月後，新年來臨，史蒂文斯先生收到了一張精美的新年賀卡，上面寫著：尊敬的史蒂文斯先生，如果您願意，請和我們共度新年。賀卡是他上次應徵的公司寄來的。原來，公司出現職位空缺，他們想到了品德高尚的史蒂文斯。這家公司就是現在聞名世界的美國微軟公司。十幾年後，史蒂文斯先生憑著出色的業績做到了副總裁。

感恩是一種美德。在這個日益商品化和市場化的社會中，更需要擁有一顆感恩的心。感恩的人知足常樂，因為心靈滿足就會感悟、感懷，感激振奮、感激不忘。感恩是一種處世哲學，心中常懷感恩，一輩子謙遜、善良、平和，就一定會從生活中獲得縷縷幸福和享受。

人的一生有著許多感恩的事。兒女感激父母無與倫比的恩情，因為父母不僅僅

凝結了孩子的血肉，更塑造了孩子的靈魂；莘莘學子感激老師傳授知識，播種希望，像一支紅燭照亮了別人，耗盡了自己；伉儷互相感激在人生征途中手牽手，心連心；摯友、同事也需要感恩，感謝大家的互相支持、關愛和幫助……

感恩的道理人人都懂，感恩的話人人都會說，但往往是說得容易做起來難，小感恩容易大感恩難，一時感恩容易一輩子感恩難。感恩從口頭落實到行動，並持之以恆更難。一個人是否會感恩，是否常懷感恩之心，這是對一個人道德良心的嚴重拷問。

感恩，體現了人與人之間的互助、親善和友愛。在他人有需要時，請伸出你一雙溫暖的手，多一份問候，多一些關懷，盡力幫助他人，你會收穫感恩的幸福。感恩會使複雜變成簡單，渾濁變成透明；感恩並不要求你無限投入和付出，而是於細微之處見真情；感恩是人際關係中一種良性互動，是改善和促進社會風氣的一種有效方法。

當我們學會感恩，擁有了一顆感恩的心，我們就學會了寬容，擁有了一種處世哲學。一個學會感恩的人，不應該為生活中的小小不足而斤斤計較，也不應該一味

索取，使自己的私慾膨脹。學會感恩，為自己已有的而感恩，感謝生活給你的贈予，這樣，你才會有一個積極的人生觀，永保健康的心態。

昇華寂寞

當我們寂寞的時候，要學會感恩。每天說聲「謝謝」，不僅能使自己擁有積極的心態，也使別人感受到你的快樂。在別人需要幫助時，伸出援助之手；當別人幫助自己時，以真誠微笑表達感謝……這些小小的細節，都體現著一顆感恩的心。

2 生活需要感恩

生活需要一顆感恩的心來創造，一顆感恩的心需要生活來滋養。

生活中，我們都獲得過許多人的幫助。正因為這樣，我們才度過了一個個難關，一步步走向成功，創造並享受著美好的生活。

有位哲學家說過：「世界上最大的悲劇或不幸就是一個人大言不慚地說：沒有人給我任何東西。」只有心存感恩的人，才能摒棄沒有意義的自以為是，收穫更多的幸福和快樂。

有位年輕人非常信佛，他每天都祈求佛祖能夠賜福於他，讓他能夠快樂地生活。可是，很多年過去了，他不但依然生活在貧困交加之中，甚至連工作也丟了。

所以，他開始憤恨所有的人，包括他信奉的佛祖。

一天，他生氣地來到寺廟裡，坐在住持和尚的面前說：「都說只要向佛祖獻上

自己的一顆心，便能獲得自己想要的生活。如今我卻一無所有，連個工作也找不到，這到底是為什麼？」

和尚問他：「你經常上醫院嗎？」年輕人看和尚答非所問，生氣地回答：「我上醫院幹什麼，我又沒病。」

和尚又問：「你四肢健全嗎？」「你不是廢話嗎，我雙手雙腳地來到你的面前，你說我四肢健全不健全？你還是快回答我的問題吧。」年輕人更加生氣，不耐煩地說道。

「我已經回答了你的問題了，佛祖是慈善的，他賜予你健康健全的身體，你卻不好好珍惜，以一顆怨恨的心來回報佛祖，你還能奢望他給你什麼呢？」年輕人聽了和尚的話，羞愧地低下了頭。這時，他看到自己的衣服是那麼的髒亂，感到自己的意志是那麼的消沉⋯⋯難怪自己連個工作也找不到。

後來，他擁有了一顆感恩的心，精神也振奮不少，不久就找到了一份很好的工作。

生活中的一分一秒、一草一木都需要我們來感恩，感恩是人類的寶貴財富，是

一種不可多得的珍品，是一種高尚的情操。當它昇華時，可以奔流不息，可以驚天動地，可以發揮非凡的潛能，可以讓人無所不能。

生活中，總有人埋怨自己的薪水比別人低，自己的聲音比別人低一度，自己的官職比別人低一級，而不是抽出一點時間聽聽窗外的鳥鳴，望望楊柳枝的綠意，看看雲彩的悠然，讓天籟之音撥動自己的心緒。這樣的人一天天變得遲鈍，變得麻木，變得對生活毫無興趣。

這樣的人，適合看看這樣一句話：「我在路上走，一直在抱怨，因為我沒有一雙鞋。我一直在抱怨，直到我看見一個快樂的人，而他失去了雙腳。」這說明一個道理：對待相同的生活境遇，人可以有不同的生活態度、不同的心情。

眼前有半杯水，悲觀主義者歎息「只剩半杯了」！而樂觀主義者說「還有半杯呢」！同樣，對待生活我們也可以有兩種選擇：抱怨，或者感恩！

一個不知感恩的人，一定是生活在怨恨、不滿或者冷漠中的。天長日久，心裡就形成了一片愛的荒漠。而懂得感謝的人，心中時時湧動著快樂的泉水，溫暖也會時刻相隨。

也許你會覺得眼下沒有什麼值得感恩的。確實，人生不如意事十之八九，感恩什麼呢？記得在一本基督教的讀物裡讀過這樣一句話：「我每天因為自己遇到的事情感謝上帝。如果一天之中實在沒有什麼值得感激的，那麼我至少可以感謝上帝讓我免於死亡！」

是啊，世界上每天都有人面對饑餓、死亡，而我們何德何能，居然得以保存生命，還能工作著、忙碌著，這是多麼值得感恩的事情！

一顆塵封的心需要洗滌，一雙麻木的眼需要喚醒。感恩其實是一首最激動人心的歌。歌頌它，你就會遠離自私之境；歌頌他，你就會胸懷寬廣。正如馬斯洛說的那樣：「心若改變，你的態度就跟著改變；態度改變，你的習慣就跟著改變；習慣改變，你的性格就跟著改變；性格改變，你的人生就跟著改變。」

如果你願意珍惜你生命中的每一次感動，如果你常懷感恩之心，那麼，你便能感應到每一分快樂，感受每一刻感動。

昇華寂寞

感恩是生活中的大智慧，能使我們感受到大自然的美妙、生活的美好，能保持我們積極、健康、陽光的良好心態。處在寂寞裡的我們，要常懷感恩之情，對別人、對環境就會少一分挑剔，多一分欣賞和感激。常懷感恩之心，便能生活在一個感恩的世界，人生也會變得更加美好。

3

滴水之恩，當湧泉相報

無論別人給予了我們多少，我們都要把滴水之恩當湧泉相報。

大自然不會總是風調雨順，人生也不會經常心想事成。當你窮困潦倒時，有人向你伸出援助之手；當你失意時，有人為你開啟導航燈；當你失敗時，有人為你鋪墊一塊塊通向成功的基石；當你惆悵時，有人為你送上開心果；當你不幸時，有人為你送來幸福的青鳥……當幫助你的人遇到困難挫折時，你又當怎麼辦呢？

滴水之恩當湧泉相報，一直被認為是中華民族引以為傲的傳統美德，意思就是說在你困難時幫助過你的人，在危難時你要報答他。

滴水之恩，何以報？先讓我們看以下幾個故事。

諸葛亮乃一代名相，本躬耕於壟畝，過著隱居的生活。劉備賞識，並且三顧茅廬請他，這個淡泊名利的隱士感動了。於是，為了報答劉備的知遇之恩，他鞠躬盡

癢，用盡一生的智慧和精力輔助劉備建立並發展蜀國。這，就是滴水之恩湧泉相報。

侯嬴本是魏國大樑的守門人，求賢若渴的趙國信陵君居然屈尊降貴，親自驅車前去迎接他，並設宴款待，親自斟酒。有感於信陵君的尊重，侯嬴用自己的智慧和生命去回報，在趙國危難之時獻計竊魏將兵符，救趙卻秦，又因自感對魏君不忠，自刎而死。這，也是滴水之恩湧泉相報的最好詮釋。

翻開歷史的長卷，我們看到了無數的仁人志士對於別人的滴水之恩以湧泉相報。在當代社會中，無數善良的人們依舊懷著一份感恩的心而默默奉獻著。

在一個鬧饑荒的城市，一個小女孩父母雙亡不得不走上街頭乞討。可是，整整一天，她都沒有要到一口吃的，就在她疲憊萬分、饑餓難耐，絕望地想要放棄自己的生命時，城裡傳出了一個消息：一個家庭殷實而且心地善良的麵包師，決定為饑餓的孩子發麵包。

這位麵包師把城裡最窮的孩子們聚集到一塊，然後拿出所有的麵包，一個一個地分給饑餓的孩子們，直到饑荒過去。小女孩也一直在救濟的行列中熬了下來。後

來，小女孩被政府收容後刻苦學習，成了一位著名的外科醫師。

一天，一位病情嚴重的老人被轉到了那位著名的外科醫師所在的醫院。醫師順利地為老人做完手術，救了他的命。無意中，醫師發現那位老人正是多年前在她饑寒交迫時給過她麵包的那位麵包師。她決定悄悄地為他做點什麼。

她打聽到麵包師年老後身體一直不好，多次的生病住院已上花光了所有的積蓄，這次住院的手術費都是四處借來的。她悄悄為老人付了所有費用，只在手術費用單上打了四個字：一個麵包。或許老人接濟的人太多，已不記得是誰為他付了醫療費，但是，這又有什麼關係呢？

「感恩的心，感謝命運……」一首歌道出了我們應當如何來回報「滴水之恩」。

對於人生來說，感恩的心就像是春天的陽光。當陽光普照大地時，小河的冰層會消逝不見，從而歡快地流淌；枯黃的植物能夠抽出新綠，煥發出勃勃生機……

但是，當我們付出時，應該是不求回報。也許，得到你幫助的人會很快回報你的幫助·；也許，會在許多年以後回報你·；也或許，他們始終無力回報。這又有什麼

關係呢？至少，你在幫助別人的時候，已經得到了「快樂」對你的回報，這比什麼都重要。

所以，我們大可以常做與人為善的事。在你前行的路上，你投入的一滴水，也許已經變成了湧泉在等著你！

滴水之恩當湧泉相報，人的本色應該如此。讓我們以感恩的心情面對工作和把握生活，用感恩的心情來回報社會，用感恩的心情去對待每個人吧，我們的生活會顯現出更多的善意和美好，我們的社會會增添更多的和諧與公正。

昇華寂寞

施恩不望報，但受賜者卻不應該忘記，而應湧泉相報。有了感恩的心，我們即使遭受挫折，受到某些不公正的待遇，碰到一些無法逾越的障礙，也不會怨恨失望，更不會自暴自棄。感恩，不是壓力，不是桎梏，更不是負擔，而是催人向上的動力。

④ 寂寞讓人學會感恩

感謝寂寞。是寂寞讓我們的心變得感恩，從而使我們的幸福填充得更加豐盈。

讓生活失去色彩的，不是傷痛，而是內心的困惑；讓臉上失去笑容的，不是寂寞，而是禁閉的心靈。寂寞不見得是一件壞事。寂寞的時候，我們可以靜靜地思考，可以想像：我是一隻蒼鷹，自由翱翔在廣闊的草原上，俯瞰著綠色的大地；是海上一輪初昇的明月，映照著包容百川的大海。

寂寞，可以讓我們學會感恩。因為，寂寞可以使我們客觀冷靜地看待世界、回味人生、體驗生活，從挫折中悟出幸福的真諦，從坎坷中找到平直的大路，從逆境中發現真實的關愛。

有一個五歲便得了怪病的孩童，他的一條腿長，一條腿短，走路時腿跛得像隻

小鴨子，面對周圍小朋友的嘲笑與眾人異樣的眼光，懵懂的孩子感到寂寞萬分。於是，他將自己關在家裏不去上學，也不再找其他的小朋友玩耍。

傷心的父母為了找回孩子的童真，騙他說：「孩子，這不是病，只要經常走走，鍛鍊就會好的。別人看你的眼光和其他人不同，是因為你擁有了其他人都沒有的優點，你比其他人更優秀。」

孩子相信父母的話，從此快樂地生活著。多年的輾轉奔波，父母為他尋訪名醫，給他用盡奇藥，可孩子的病卻不見佳，而父母在傷心欲絕的悲痛之下，依舊沒有放棄為孩子治病的念頭，孩子則在父母善意的謊言中慢慢地成長起來。

後來，孩子懂事了，明白了一切事實的真相。可他一點兒傷心的理由都沒找到。因為，多年以來，沒有夥伴的生活讓他看見父母對他的愛。寂寞的生活，讓他學會了如何感恩，感恩的心足以消除一切的不如意，只留下對父母無盡的感激。

年輕的阿福出身於平民家庭，卻考上了一所貴族學校。由於學校的東西昂貴，吃飯的時候他只能選饅頭、麵條之類便宜的食物。同學們都看不起他這個窮小子，從他身邊過都要繞個彎，怕他身上的窮氣過度到自己身上。

無人問津的阿福將全部精力都投入到了學習中。在同學們參與舞會的時候，他在圖書館看書；在同學們聯歡的時候，他在宿舍學習；在同學們組團出遊的時候，他在研究一個課題……。

就這樣，阿福雖然依舊是個窮小子，各類專業知識卻遠遠高於全校同學。所以，畢業後阿福很容易地找到了一份好工作，並取得了事業上的成功。

從阿福的故事中，我們也可以看出來，阿福已經擁有了一顆感恩的心。這種感恩多多少少地來源於寂寞的洗禮。試想，如果阿福在寂寞裏自暴自棄，又怎麼能造就一顆感恩的心？又怎麼會有以後的成功？

人的一生很長，無聊的人每天都在蹉跎光陰。人的一生很短，有作為的人在感歎時間為何只能用減法，而不能用加法。寂寞是人生旅途中一棵點綴風景的大樹，隨時準備著為我們遮陰擋涼，讓我們以旁觀者的姿態看清路上的障礙和平坦。

人的一生不可能一帆風順，每當遇到挫折的時候，人就很可能會出現負面情緒，為自己增添新的煩惱。有了寂寞，卻能在靜思中將這一切避免。

發現了這點，我們首先要感謝寂寞提供給我們休息整理的場所，看清成長中的挫折與困難，找到感恩之心。其次，我們還要感謝那些願意伸出援助之手的和善之人，是他們讓我們的人生更加圓滿。所以，我們要學會珍惜寂寞、感謝寂寞，當寂寞來敲門時，我們也應該溫和地說：「你好！」

昇華寂寞

在生活當中，要學會享受寂寞。認識自己、認識他人，認識世界上的一切美好，從而學會感恩，並最終走向快樂與美好。

5 感謝嘲笑你的人

嘲笑是一面鏡子，誰都能從其中照見自己真實的一面。

——英國諷刺作家　斯威夫特

面對他人的嘲笑，我們往往會有激動的情緒，無非就是別人踩到了自己的痛處。但換個角度想，他不過是在用惡劣的方式提醒我們的缺點。

他人的嘲笑往往是激勵我們向上的動力。有的時候，如果沒有人「嘲笑」你，你可能會安於現狀，無法看到自己的不足，更不會有競爭壓力。感謝別人的嘲笑，讓自己更清楚自己。當有人嘲笑我們時，我們非但不應痛恨對方，反而要抱著「感恩」的心情來感謝這個嘲笑自己的人。

菲爾普斯是二百米蝶泳世界紀錄的打破者，也是最年輕的世界紀錄保持者。他被稱為奧運會開展游泳運動有史以來最偉大的全能運動員，還贏得了「游泳神童」

的美譽。但就是這樣一個「游泳神童」，卻也曾經有過被別人嘲笑的噩夢。

菲爾普斯小時候家裏很窮，兩個姐姐都是游泳隊員，在姐姐們的影響下，菲爾普斯從小就癡迷於游泳運動。

當他把立志做一名游泳隊員的想法告訴父親時，父親當場就給了他一巴掌，說道：「你這個傻瓜，你知道白癡是怎麼出現的嗎？就是像你這樣想出來的。游泳？你以為人人都是天才嗎？別做夢了！」

父親的話並沒有使菲爾普斯退縮，他還是和姐姐一起來到游泳池。一方面，他堅持每天到游泳池至少訓練兩個小時；另一方面，他在編織著未來的夢想。有一天，當他把想成為游泳冠軍並環游世界的夢想告訴父親時，又招來父親的一頓嘲笑：「想當游泳冠軍？還要環遊世界？你以為你是天才啊，別癡心妄想了。還是好好念你的書，將來找份工作養家糊口吧。」

菲爾普斯不但遭到父親的反對，在學校，還經常被同學們反覆嘲笑。他的母親曾回憶道：「我兒子的成長並非一路坦途……剛開始是他的大耳朵，然後是他的長手臂……在哪裡，他都不可避免地被關注、被嘲笑。」

面對嘲笑，菲爾普斯在選擇沉默的同時，不但沒有退縮，反而更加刻苦地訓練。他知道，成功將是對嘲笑的最好回答。

當他通過努力將夢想都變成現實後，那些曾嘲笑過他的人，都轉而讚頌他、崇拜他。他的父親後來也對他表示了深深的歉意。

生活中，與我們交往的人有很多，我們免不了遭受這樣那樣的嘲笑。菲爾普斯的經歷告訴我們：當別人嘲笑你時，憤怒和消沉都無濟於事，努力進取才是消除嘲笑的唯一辦法。只有用自己的成功，才能讓那些嘲笑聲轉變成讚揚聲！

記得一位先哲說過，平時無論怎樣學習，都不如他在受到嘲諷時學得迅速、深刻、持久。嘲諷使人學會思考，體驗到順境中無法體會到的東西。嘲諷更能使人深入地接觸實際、瞭解社會，促使人的思想得以昇華，並由此開闢出一條寬廣的成功之路。

如果你身邊的人都對你脅肩諂笑，你就會看不清自己，感受不到職場競爭的壓力，只會桎梏自己。即便你是一個非常有優勢的人，隨著時間的流逝優勢也會一點點被消耗掉，最終被同事遠遠拋在後面。

如果一座山擋住你的去路，你不必對著山生氣，你應想方設法攀越它，或者繞過它。如果群狼圍住了你，你不要對著狼群憤怒，你要用最大的智慧和力量戰勝牠們、消滅牠們或者逃避牠們。如果同事嘲笑你，你不要握緊拳頭想打人，而是要改正不足之處。

精神病學家哈德菲爾深入研究過危機環境在人的身體上、心理上、感情上和精神上激發的非凡力量。他說：「我們過著拘謹的生活，避開困難的任務，除非我們被迫去做或者下決心去做時，才會產生無形的力量。」我們面臨危機時，勇氣產生了；被迫接受長期的考驗時，就發現自己擁有持久的耐力；災難降臨時，我們會發現內在的潛力，彷彿是出自一個永恆的手臂的力量。一般的經驗告訴我們，當我們無所畏懼地接受挑戰、自信地發揮我們的力量時，任何危險和困難都會激發能量。

所以，感謝嘲笑你的人吧，正是那些嘲笑使你看清了自己，在逆境中得以錘煉，在失敗中得以成功，進而使人生之花開得更加絢麗多彩！

昇華寂寞

嘲笑，雖然讓我們孤獨寂寞，但既是一種壓力，也是一種動力。培根說：

「幸運所需要的美德是節制，逆境所需要的美德是堅韌，而後者比前者更為難能。」如果你希望自己的事業蒸蒸日上，首先就需要積極應對別人對你的嘲笑。

⑥ 有種財富叫苦難

平靜的湖面訓練不出強悍的水手，溫室中飛不出搏擊長空的蒼鷹。

沒有哪個人會希望苦難降臨到自己身上，但苦難並不會因為我們的意願而轉移。它會不時地降臨到我們每一個人的頭上，讓我們飽受折磨。在這種折磨裡，我們常常懷疑自己、懷疑生活，甚至有時幾近崩潰。但是，只要我們挺過去，就獲得了一份成熟，擁有了一份戰勝困難的財富。

看過很多曾經遭遇過苦難的人，他們在經歷過苦難之後，都會有一番令人深思的感悟，也許遭遇過苦難的人感悟是最深的，也許遭遇過苦難的人會更加熱愛生活。

世界科學巨匠、英國科學家霍金口不能說，腿不能站，身不能動，但仍然感到自己很富有，並對生活充滿感恩。這位在輪椅上生活了三十多年的癱瘓殘障人寫了如下一段感人的文字：「我的手還能活動，我的大腦還能思維；我有終生追求的理

想，我有愛我和我愛著的親人與朋友；對了，我還有一顆感恩的心……」在他看來，加諸在他身上的一切苦難反而成了財富，令他感激不盡。

前蘇聯作家奧斯特洛夫斯基為了創造新生活，忍受了一般人難以想像的痛苦，他說：「對我來說，活著的每一天都意味著要和巨大的痛苦作鬥爭，但你們看到的是我臉上的微笑，再沒有比戰勝這種痛苦更使人感到幸福和快樂的事情了。」他把戰勝苦難作為最幸福的事情，於是有了不朽的名著《鋼鐵是怎樣煉成的》。

「假如生活欺騙了你，不要悲傷，不要心急。憂鬱的日子裡需要鎮靜，相信吧，快樂的日子將會來臨。心兒永遠嚮往著未來，現在卻常是憂慮。一切都是瞬息，一切將會過去。而那過去了的，將會成為親切的懷念。」沒有人不知道這首詩。但很少有人知道詩人經歷了什麼。在沙皇統治的日子裡，詩人普希金飽受磨難，被流放到荒蕪的小島。在被幽監的日子裏，他安慰自己，也安慰世人。正是苦難成就了這偉大的詩篇。

從這些偉大人物的故事中，我們可以得出：苦難對於天才是墊腳石，對於強者是一筆財富。其實，每個人的人生都不是一帆風順的，每個人的人生軌跡都不是筆

直的，每個人的人生道路上都不免遭遇到坎坷和挫折。

是啊，人生在世，又有誰能逃脫掉苦難的追逐呢？你會生病，在死亡的邊緣掙扎；你會失戀，在愛的天平上失衡；婚姻會破裂，你在困惑中徘徊；事業會失敗，你在苦惱中自省；你會失去親人，陷入巨大的悲痛；天災會降臨，你無依無助，只能聽憑命運的擺佈。即使你是個幸運兒，一生平安順暢，你也依然無法避免最終的苦難——死亡。

但是，苦難可以是人生中最好的老師，苦難是人生的一筆財富。俗話說，「自古雄才多磨難，從來紈絝少偉男」，屈服於苦難，那就在認命的同時也毀滅了自己；不屈服於苦難，用堅強作鋤，用樂觀作鏟，用深邃的思索作鍬，堅忍不拔地挖掘，苦難的背後肯定會有驚喜和意外。

很多事情只有我們經歷過才會明白，很多苦難只有我們承受過才懂得感激。生活這本書，會讓我們明白，原來苦難這麼富有，但當時卻沒有意識到這一切。

記得一位哲人說過：「苦難難道是白經歷的嗎？它會磨練你的意志，使你成為生活的強者。」所以，我們應該感謝生活、感激苦難。

遭遇苦難的時候，請不要盲目悲觀；遭遇苦難的時候，請不要自暴自棄；遭遇苦難的時候，請你靜下心來，勇於「承受」，懂得「感恩」，要有「卒然臨之而不驚」的坦然，更要有「無故加之而不怒」的大度。苦難對我們而言既是一種獎賞又是一種財富，只有努力奮鬥，不斷超越自己，才能激發自己的潛力改變命運，享受每天明媚的陽光，曆遍人生美景。

你看，大海如果失去了巨浪的翻滾，就會失去雄渾；沙漠如果失去了飛沙的狂舞，就會失去壯觀；人生如果僅去求得兩點一線的一帆風順，生命也就失去了存在的意義。上帝給予我們的人生苦難和責任，就像江河綠地、日月經天那樣正常自然。

生活就是這樣，給予苦難，造就人才。因此，我們不要埋怨生活給予了太多的磨難，不必抱怨生命中有太多的曲折。就讓它來吧，我們已經開始成熟，用微笑和勇氣擁抱自己的人生！

昇華寂寞

苦難令我們寂寞，也讓我們學會感恩。人生因有苦難的磨練才顯得充實，經歷了風雨的天空才能看到美麗的彩虹。每個頓悟、每個覺醒、每個天才，都伴隨著一份不可推辭的苦難，而只有不被苦難摧毀的人，才能享受獲取智慧的美妙感覺。

7 感謝那雙冰冷的手

生活在感恩的世界裏，要感謝那雙冰冷的手，是它為你打開了成功的大門。

誰能說他從來沒有受到任何傷害呢？誰能說他永遠是在被保護中長大和成熟的？恐怕沒有人能做肯定的回答。因為，每個人在成長或走向成功的路上，都會遇到或多或少或輕或重的打擊。

人生在世，總是在受傷中慢慢長大，總是在受傷中慢慢成熟，總是在受傷中慢慢學會善待別人和自己。我始終認為，一個沒有受到傷害的人生，是殘缺的人生；一個沒有受到傷害的人格，也是不完善的人格。因為，那些打擊過我們的人不一定能減慢我們成功的步伐，打擊可能是我們成長的加速器，也可能是我們成功路上的跳板，使我們的人生更加圓滿。

小王在公司遇上一次升遷的機會，無論從工作成績、個人才能上看，他都具有一定的優勢，但出乎意料的是，上面最終任命的是小李。

齡結構、文化層次上看，他都具有一定的優勢，但出乎意料的是，上面最終任命的是小李。

於是，小王輾轉反側，整夜難眠。一次，在他送文件的時候，聽到了事情的原委。原來，上司最初的人選是小王，但小李通過匿名信的方式向上司列舉了小王的許多缺點，使上司改變了主意，提拔了比小王工作能力稍弱的小李。

小王知道後非常生氣，他越想越苦惱，越想越煩躁，整天坐臥不寧、寢食不安。最後，一個要好的朋友開導他：「既然他在背後給了你一刀，那你更不能因此自暴自棄呀！不然，人家還以為又多了一項小心眼的缺點呢。更何況，如果你再頹廢下去，上司會真的以為這次的決定是對的。所以，你應該更加努力地工作，證明自己比別人強，讓上司後悔他們今天的決定。」

聽了朋友的話後，小王開始更加勤奮地工作。兩年後，公司又有了一次升遷的機會，並且，這次的職位比上次的重要得多，小王穩穩地走上了這個崗位。上任的第一天，上司語重心長地對他說：「小王呀，上次我們知道委屈了你。但是，你不

但沒有因此不高興，還更加努力工作，這說明你具有很高的素養。所以，這次的升遷，各級主管拋開了所有人，一致選擇你。你要好好做呀！」

小王聽了上司的話後，很慶幸當初自己的決定，並且由衷地感謝同事曾經給予自己打擊的那雙冰冷的手。

每個人身邊都不同程度地存在著與自己意見相左的人，有的人還會因為一些事來打擊你。也許，這些打擊會令你寂寞萬分，有的人會因此選擇氣憤地報復，其結果是兩敗俱傷；有的人會選擇自暴自棄，結果受傷更深。

但是，還有少數人，不但不會為此生氣，反而感激打擊自己的人。這類人，不但能時時獲得快樂，還往往能夠取得意想不到的成功。因為，正是這些打擊才使我們在忍受寂寞的同時走向了成功的路。羅馬帝國因沒有了強大的對手而分崩離析，東方的強秦建立不久就迅速覆滅，不能不說也是因為同樣的原因。敵人能激發你的生命衝動，敵人能使你沉悶死寂的生活蕩出道道波紋。

我的朋友王如慧為人善良、工作能力強，經常遭到別人的嫉妒和打擊。為此，她總結出了這樣的經驗：「我非常感激嫉妒我打擊我的人，如果沒有他們，或許我

現在也和他們一樣平庸。是他們的嫉妒和打擊一次次地激勵了我，時刻提醒著我如何才能比他們更強、比他們做得更好。」

在現實生活中，沒有必要憎恨你的敵人，若深入思考一下，你也許會發現，真正促使你成功、讓你堅持到底的，真正激勵你昂首闊步的，不是順境和優裕，不是朋友和親人，而往往是那些常常可以置人於死地的打擊、挫折，甚至是死神。

生活中，往往正是那雙冰冷的手給我們的冷巴掌，使我們學會了保護，學會了珍惜，也學會了如何善待別人、尊重別人。

所以，我們要感謝那雙冰冷的手，是它讓我們變得更加堅強和勇敢，是它讓我們變得更加成熟和善良，是它讓我們的心變得更加寬廣。

草原上的羊群因為狼的存在而不斷繁衍壯大，森林中的樹木也因對手眾多而長得高大挺拔。所以，在現實生活中，要感謝你的敵人，因為，你的進步和成熟是在與敵人的較量中逐步積累的。

昇華寂寞

沒有敵人就沒有人生的超越，沒有敵人你的生命就可能走向墮落和沉淪。回首走過的路，也許我們曾經因為敵人那雙冰冷的手寂寞萬分，但是，也會驚奇地發現，正因為那雙冰冷的手，我們才在寂寞裏看到了更高的樓層，享受到了更美的陽光。

8 寂寞讓感恩充滿力量

感恩與寬容經常是源自痛苦與磨難的，必須以極大的毅力來訓練。

——南非第一位黑人總統　曼德拉

「把別人對你的恩惠刻在大理石上。」佛蘭克林的這句話讓人刻骨銘心。感恩，在人生的旅途中，是一種無形的巨大力量，牽引著我們不斷前行。遭遇過寂寞的人更能體會到感恩的力量。

納爾遜‧羅利赫拉赫拉‧曼德拉是南非第一位黑人總統。他曾因組織並領導反對白人種族隔離政策而入獄，被關在荒涼的大西洋小島羅本島上二十七年。

羅本島位於離開普敦西北方向七英里的桌灣。島上佈滿岩石，到處都是海豹和蛇及其他動物。曼德拉被關在總集中營一個「鋅皮房」裏。他每天早晨排隊到採石場，然後被解開腳鐐，下到一個很大的石灰石田地，用尖鎬和鐵鍬挖掘石灰石。有

時從冰冷的海水裏撈取海帶。因為曼德拉是要犯，專門看押他的看守就有三個人。

二十七年來，曼德拉生活在孤苦寂寞的世界裏，受盡了磨難。然而，一九九四年五月，他當選南非總統後的一番舉動卻絲毫讓人聯想不到他受過的苦難。

在總統就職典禮上，曼德拉首先起身致歡迎來賓。在介紹了來自世界各國的政要後，他卻請出了當初看守他的三名獄方人員，並恭敬地向他們致敬，震撼了在場的所有來賓乃至整個世界。

後來，曼德拉向朋友們解釋說，自己年輕時性子很急，脾氣暴躁，正是在獄中學會了控制情緒才活了下來。他的牢獄歲月給了他時間與激勵，使他學會了如何處理自己遭遇。他說，感恩與寬容經常是源自痛苦與磨難的，必須以極大的毅力來訓練。曼德拉說起獲釋出獄當天的心情時說：「當我走出囚室，邁過通往自由的監獄大門時，我已經清楚，自己若不能把悲痛與怨恨留在身後，那麼我其實仍在獄中。」

生活中，人們之所以總是充滿痛苦、怨天尤人，多半是因為我們缺少寂寞的洗禮和感恩的胸懷。

生活中，我們經常會看到屋簷下的石頭上斑駁的印記，那不僅是歲月留下的皺紋，也是水流留下的銘刻。先賢說，智者樂水。因為水有潤物無聲的細膩，有厚積薄發的澎湃，有水滴石穿的耐心，假如有力量可以借助，還會像禮花一樣綻放出華美的令人驚豔的噴泉。

對人而言，只有善待寂寞，懂得感恩，才能產生強大的力量，將自己最華美的一面展現給眾人，讓人生綻放出完美之花。

二十年前的一個晚上，小林因為受不了一個個的生活打擊選擇跳水自殺。就在他快要失去知覺時，求生的本能讓他在水裡掙扎了起來。

就在這危急時刻，他遇到了生命中的一位貴人，一位漁夫。這位漁夫當時搖著一艘木船，在江上打魚。正在收網時，他遠遠看見江面上有個黑影沉浮不定，便將船搖到黑影附近，救起了奄奄一息的小林⋯⋯

漁夫見小林渾身濕淋淋的，凍得直打哆嗦，便趕忙脫下自己的衣服給小林穿上，還給他煮了鍋熱粥驅寒。小林回過神後，感動得熱淚盈眶。他暗暗在心中發誓，一定要做出一番事業來，好報答這位漁夫的救命之恩。

二十年來，小林心裏一直記掛著那位救命恩人，他不斷地努力奮鬥，每當遇到困難時，他便想起那股感恩的力量。

一晃二十年過去了，小林不但成就了一番大事業，而且報答了對漁夫的恩情。回首二十年來的經歷，最讓小林感慨的就是學會了感恩。感恩，不但回報了他人，而且最重要的是成就了自己。

「人之有德於我，不可忘也；吾有德於人，不可不忘也。」其實，感恩的終極境界並不一定都是「形而下」的感謝大恩大德，它是一種生活態度，一種心靈境界，一種真讓美讓善融入一生的美好情懷。

學會感恩，最適宜在寂寞的環境中。在寂寞的時候，每天備一片紙，寫下一個感恩的發現。那麼，過不了多久，你的生活便會被感恩包圍。學會了感恩，鮮花與掌聲也就在咫尺之內了。

昇華寂寞

感恩是一種力量，它能催人奮進，令人快樂。寂寞如果成為承載感恩之心的容器，能使感恩的力量變得更加強大。讓我們從今天起，從現在起，在寂寞中學會感恩，感恩身邊的每一個人、每一件事吧，這樣，我們會更容易接近幸福。

9 用寂寞點亮一盞感恩的心燈

每個人心中都有這樣一盞明亮的燈，愛使這盞燈明亮，這是一盞感恩的燈。

在人的一生中，總會經歷不盡的磨難考驗，遭遇無數的坎坷挫折，體驗痛苦難當的寂寞……但是，在寂寞的時候，我們總能在不經意間感受到溫暖與感動。這些感動給心靈帶來的每一次震撼，都如一盞明燈，指引著我們的心靈得到昇華。

于蕾由於家庭貧困飽受同學的白眼與嘲諷，特別是考上大學之後，為了湊足每年的學雜費，她不得不邊學習邊打工，這與其他同學無憂無慮的校園生活顯得格格不入。

一次，她在大街上遇到了一個招聘翻譯的外國人。這個老外的妻子得了怪病，跑遍了全世界仍未治癒，聽說中醫專治疑難雜症後，便帶著妻子來中國看病。由於

語言不通，他需要請一個翻譯。但是，由於他沒有錢，給的報酬很低，所以沒有人願意接這份差事。

于蕾本來有一份相當豐厚的工作等著她去接，但飽受貧窮的她更能體會到老外的感受，便接下了這個工作。

老外帶著病中的妻子來回奔波，每天都很辛苦。于蕾不但為他們做翻譯，還替他們掛號拿藥排隊跑路，做一切瑣碎的事。最後，老外終於找到了治好妻子的辦法，離開了中國。老外走的時候，對于蕾充滿了感激，但他什麼也沒有說。

三年過後，于蕾大學畢業。當其他同學終日惶惶，于蕾收到了國外飛來的一封信。這封信是那名老外寄來的。他說，他的妻子已經恢復了健康，他的公司也起死回生。如今，他的公司很快就要到中國開工廠，需要一名中國方面的代理人，問于蕾願不願意與他合作，報酬是每月五萬美金。

這時，大家都羨慕起于蕾來了，再也沒有人嘲笑她曾經的貧窮。可是，只有于蕾心裏清楚，這一切都緣於她在寂寞中學會的感恩啊。

因為受盡了人間的冷暖，品盡了生活中的酸甜苦辣，我們會苦苦地找一個支

點，想在人生的黑暗裏為自己點亮一盞溫暖的燈。

在寂寞孤獨時，我們會發現有人用真心點亮一盞溫馨的燈，帶走所有的疲倦；當遇到失敗挫折時，有人會用真誠點亮一盞力量的燈，帶走所有的恐懼；當處在人生冷漠低谷時，有人會點亮一盞希望的燈，帶來溫暖的氣息。只要找到這盞心燈，我們就永遠不會迷失生活的航向！這心燈是我們生命的財富，哪怕如小鳥折斷了翅膀，也有希望再次騰飛在廣闊的蔚藍的天空。

生活中，我們會遇到不認識的和陌生的人。他們雖然是我們生命中的過客，但他們給我們一個溫暖的笑容，或者一個小小的幫助，哪怕是微不足道的幫忙，也會讓我們感動。因為這些感動，我們就已經活在他們給自己的恩澤裏了。

生活中，我們常常迷失在燈紅酒綠的嘈雜裏，而忽視感恩的心靈。只有當我們處在寂寞裏的時候，才會想起父母寧願自己穿破衣爛衫、吃歹吃賴也要滿足我們肚飽身暖、豐衣足食。考試失利、心情悲傷時，感受從同學們的手帕中飄來的慰藉和笑顏中傳遞的鼓舞。迷茫悵惘、險入歧途時，在老師善意的幫扶中迷途知返。

想到這，你是否開始為自己以往的忘本而汗顏，你是否為自己情感的冷淡、心

靈的冰封而愧慚？如果這樣，那麼從現在開始，開始追回你那迷途的魂靈，尋回那股天然的情感，放開自己的心靈，敞開自己的胸懷，盡情地在回憶中尋覓，在尋覓中感動，在感動中覓那一份感恩之心。

我們要用感恩的心去感謝我們的朋友，感謝我們的父母，感謝我們的師長。因為在風雨中是他們陪伴著我們度過，失意的時候是他們為我們擦乾眼角的淚水，安慰、鼓舞著我們，黑暗中有他們為我們點亮的一盞燈，疲倦的時候他們是我們心靈的港灣。

昇華寂寞

每個人都生活在他人的恩澤當中，承載著朋友的希望，沐浴著父母的恩情。也許我們曾經因為發現不了這些恩澤而痛苦迷茫，但是，它們卻真實地存在著，等待著我們去發現。寂寞便給我們提供了這個機會，讓我們在充滿慾望的社會中靜下心來，輕輕叩動冰冷的心扉，打開感恩的心門，找到從黑暗走向光明的那盞引路燈。

10 寂寞讓刻骨的痛成為銘心的愛

忘恩比之說謊、虛榮、飾舌、酗酒或其他脆弱的人心的惡德還要屬害。

——英國諺語

我們常常將注意力集中到所受的苦難和不幸當中，很少用感恩的心去看身邊的人和事。所以，稍有不幸就令我們痛不欲生。當這些痛苦過後，圍繞在我們身邊的，就只剩下寂寞。但正是因為寂寞，我們感受到了生活中的美好，看到了別人對我們的關懷，學會了感恩。

曾經，有一個小女孩，她的生活環境一直很優越，因為她的父親是一個成功的商人，媽媽是一名很受人尊敬的教師，她的家庭經濟富裕，父母也很愛她，一家人的生活很幸福。但是，因為女孩是獨生子女，家裏的人都很寵她，周圍的人也嬌縱她、放任她，養成了她一切以自己為中心的刁蠻驕橫的性格。

她盡情地享受著別人的關愛，卻從來沒有想過要怎樣回報這些愛她的人，怎樣去承擔生活中自己該承擔的責任。從沒有人告訴過她這樣不好，她任性霸道地過著無憂無慮的生活，直到有一天，苦難不幸降臨到她的身上。

首先是她失語了，緊接著爸爸去世了。媽媽不得不每天很早出去工作，很晚才回來。有一天，天空下著大雨，小女孩的媽媽再也沒有回來。

從此以後，小女孩便成了流浪兒，每天靠著行人的施捨生活。就在這一次次的接受施捨中，女孩學會了感恩。

後來，女孩被送進了收容所裏。她很珍惜這來之不易的機會，發憤學習並考上了大學。在她大學畢業典禮上，她代表全校畢業生寫了一份發言稿。稿子由其他學生讀完後，全場爆發出熱烈的掌聲，結尾中寫到的「童年失去雙親的寂寞讓我學會了感恩，感恩讓發生在我身上那些刻骨的痛成了銘心的愛。」讓全校師生流下了感動的淚水。

人的一生本就是寂寞的旅程，不要抱怨苦難為什麼總是與你相伴相隨，不要抱怨失敗總是對你窮追不捨，不要抱怨挫折與你親如弟兄，不要抱怨寂寞和你伴隨一

生。誰的生活裏不經歷風雨，誰走的道路上沒有泥濘？只要我們在寂寞裏學會感恩，苦難和磨礪就會過去，陽光就會在我們的心頭出現。

的確，如果沒有流浪乞討的經歷，文學大師高爾基就不會寫出《人生三部曲》；如果沒有在黑暗中的摸索，海倫‧凱勒就不會找到人生最美的陽光。當我們看到張海迪用殘缺的軀體創造了完美的人生的時候，當我們看到霍金用他那枯死的身體與宇宙進行著最鮮活的對話的時候，我們應該作何感想？

我們應該感謝，生活至少給了我們生命，至少我們還活著。活著，就有希望；活著，就有思想；活著，就還可以成功。

帕格尼尼就是從寂寞的沼澤中爬出來的天才人物。四歲時出麻疹，險些喪命；七歲時患肺炎，又幾近夭折；四十六歲時牙齒全部掉光；四十七歲時視力急劇下降，幾乎失明；五十歲時又成了啞巴；五十歲以後，關節炎、腸道炎、喉結炎等多種疾病瘋狂地吞噬著他的生命。可是這一切也造就了一個天才的小提琴家。帕格尼尼三歲學琴，即顯天分；八歲時已小有名氣；十二歲時舉辦首次音樂會，即獲大成功。他的琴聲幾乎遍及世界，擁有無數的崇拜者。在那四根琴弦中包含著太多寂

寞，然而天才就藏在酸澀的寂寞裡。

法蘭西斯‧培根說過：「正如惡劣的品質可以在幸運中暴露一樣，最美好的品質也正是在厄運中被顯示的。」世界上不少成功之士在成名前都曾經或多或少、或輕或重忍受著寂寞，並在寂寞裏學會了感謝生活。

金錢與名利可能使人安於享樂，鮮花與掌聲可能使人停止前進，但是，寂寞使人不斷成長，走向成熟。真正的成功，往往是用寂寞壘成的。

我們要感謝寂寞，是寂寞使寒梅、松柏裝飾了毫無生氣的季節，使雄鷹獨享那湛藍的天空，使鑽石在一堆碎石中，閃耀自己的光芒。

我們要感謝寂寞，是寂寞讓一個又一個真正的英雄崛起，讓曾經幼稚的人在一夜之間變得成熟。讓我們在苦難裏學會感恩，變得足夠堅強吧！

當你獲得財富和榮耀時，別忘了對寂寞說聲「謝謝」。

昇華寂寞

　每個人每天甚至每個小時都有需要別人的時候，可是卻很少人能用心靈去感應到這一點。人生在經過寂寞的歷練後，會呈現出感恩的心靈和清平的智慧。所以，在體驗寂寞帶給你的傷痛之餘，也要學會感謝寂寞，因為它使生命變得豐厚、深沉、博大。

筆記

國家圖書館出版品預行編目資料

享受寂寞：寂寞是人生的一項修煉／李沐編著. -- 初版. -- 新北
市：菁品文化, 2013. 07
面； 公分. --（通識系列；49）

ISBN 978-986-5946-80-7（平裝）

1. 修身　2. 生活指導　3. 寂寞

192.1　　　　　　　　　　　　　　　　　102011708

通識系列 049
享受寂寞：寂寞是人生的一項修煉

作　　　者　李　沐
執 行 企 劃　華冠文化
封 面 設 計　上承工作室
設 計 編 排　菩薩蠻電腦科技有限公司
印　　　刷　普林特斯資訊股份有限公司
出 版 者　菁品文化事業有限公司
　　　　　　地址／23556 新北市中和區立德街 211 號 2 樓
　　　　　　電話／02-22235029　傳真／02-32348050
郵 政 劃 撥　19957041　戶名：菁品文化事業有限公司
總 經 銷　創智文化有限公司
　　　　　　地址／23674新北市土城區忠承路89號6樓（永寧科技園區）
　　　　　　電話／02-22683489　傳真／02-22696560
網　　　址　博訊書網：http://www.booknews.com.tw
版　　　次　2013年7月初版
定　　　價　新台幣220元　　（缺頁或破損的書，請寄回更換）

I S B N　978-986-5946-80-7
版權所有‧翻印必究　　　　　（Printed in Taiwan）
本書 CVS 通路由美璟文化有限公司提供
E-mail：jingpinbook@yahoo.com.tw
原書名：寂寞是人生的一項修煉